Emilio Chuvieco Salinero

Significato ed esperienza di vita del celibato dei laici

Emilio Chuvieco Salinero

Significato ed esperienza di vita del celibato dei laici

Edizioni Sant'Antonio

Imprint

Cover image: Original picture from Artens (id 119145304) from https://www.shutterstock.com/. Processed by Jose García León

Publisher:
Edizioni Accademiche Italiane
is a trademark of
International Book Market Service Ltd., member of OmniScriptum Publishing Group
17 Meldrum Street, Beau Bassin 71504, Mauritius

Printed at: see last page
ISBN: 978-613-8-39207-1

Indice

PROLOGO

Questo è un libro unico nel suo genere. Sicuramente ce ne sono molti sul celibato «per il Regno dei Cieli» che Gesù visse e propose ad alcuni dei suoi discepoli (Mt 19, 12), ma quasi sempre fanno riferimento ai sacerdoti o ai religiosi. Quasi mai parlano del celibato apostolico dei laici, e ancor meno in modo autobiografico, frutto di una esperienza di vita. Il lettore ha fra le mani il primo libro con queste caratteristiche.

L'autore non è un sacerdote né un religioso. È un laico uguale a molti milioni di fedeli cattolici che vivono del loro lavoro e con ciò contribuiscono al progresso della società. In questo caso è un professore universitario, un docente di Geografia, ricercatore e membro influente di vari fori internazionali dediti allo studio del mezzo ambiente; un laico che ha deciso di non sposarsi, non perché il matrimonio non lo attragga o non gli si sia presentata l'occasione di formare una famiglia, ma perché pensa che Dio vuole per lui il celibato. È un caso raro, lui è una persona strana? Avrà avuto una esperienza traumatica che lo ha allontanato dal matrimonio? Sarà che non si sente attratto dall'amore coniugale, anch'esso un cammino di santità?... Sono certo che l'autore si farà una bella risata leggendo queste domande. No, non c'è nulla di tutto questo. È semplicemente un cristiano che si è sentito chiamato a seguire Gesù Cristo amandolo con cuore indiviso, senza dividerlo con una sposa, come dice san Paolo nella prima Lettera ai Corinzi (7, 32-34): con un amore che gli permetta di darsi a tutti e a partecipare singolarmente – così ha affermato san Giovanni Paolo II – alla missione apostolica che Cristo ha affidato a tutti i suoi discepoli.

Il celibato per amore a Dio non lo ha inventato l'autore di questo libro. Molti hanno seguito questo cammino prima di lui, già fra i primi cristiani. Faccia attenzione il lettore a queste parole scritte intorno all'anno 150 della nostra era da un santo che si rivolge all'imperatore romano per spiegargli chi sono i cristiani. Dice: «Molti tra noi, sia uomini che donne, fra i sessanta e i settant'anni, che ebbero modo di essere discepoli di Cristo da molto giovani, si conservano vergini fino a oggi e te ne posso indicare di qualunque condizione sociale» (San Giustino, *Apologia I*). Venti anni dopo gli fa eco un altro grande autore, scrivendo anche lui all'imperatore: «È facile trovare fra noi molti uomini e donne che sono arrivati celibi alla vecchiaia, con la speranza di unirsi più strettamente a Dio» (Atenagora, *Legatio pro christianis*). Questi casi di fedeli cristiani che hanno scelto il celibato non si sono verificati solo nell'antichità, assolutamente no. Sempre nella Chiesa ci sono stati laici del genere. Il celibato apostolico – leggiamo nel Concilio Vaticano II – è stato abbracciato felicemente nel corso dei secoli e anche ai nostri giorni da non pochi fedeli cristiani: «non è un monopolio di sacerdoti e religiosi» (Atti del Conc. Vaticano II, IV/7, 207).

Ma, come suona questo in occidente, nella cultura di oggi? Come suona a chi è assetato di gossip, a chi è devoto di Afrodite, a chi vede il mondo attraverso le serie televisive...? Penseranno, come tutti quelli che non hanno conosciuto un amore bello e autentico intessuto del dono di sé, che il celibato apostolico sia una pittoresca follia. Magari potessi presentare loro l'autore di questo libro! Capirebbero fino a che punto soddisfa l'amore di Dio, quanta felicità ci possa essere in un cuore innamorato e quanto è fecondo seguire Gesù Cristo col suo stesso celibato.

Posso solo invitarli a leggere queste pagine senza pregiudizi. Come si legge una testimonianza sincera. È un libro che ha qualcosa da dire a tutti. Per quelli che sono sposati o sanno di essere chiamati al matrimonio sarà un aiuto a comprendere che significa donarsi agli altri per amore a Dio. Altri forse scopriranno che Dio li chiama alla santità attraverso lo stesso cammino del celibato apostolico.

Javier López Díaz

Università della Santa Croce (Roma)

15-VIII-2017

INTRODUZIONE:
PERCHÉ UN LIBRO SUL CELIBATO?

Ho un amico particolarmente versato all'humour, sia per mettere in berlina le situazioni del giorno, sia per raccontare barzellette, proprie o altrui, che fanno sempre piacere anche se uno le ha sentito raccontare diverse volte. Nel suo repertorio ce n'è una che mi è particolarmente simpatica. Si tratta di due pescatori che, come pare sia una consuetudine della categoria, hanno la tendenza a esagerare parecchio quando narrano le loro prodezze. Trascrivo la storiella esattamente come il mio amico la racconta:

Due pescatori stavano parlando delle loro ultime esperienze. – Uno dei due diceva: Una volta mi trovavo sul lago Tahoe, armato solo di una piccola canna e un'esca di plastica, quando ho sentito che qualcosa di grande aveva abboccato. Sono stato per ore a tirare con forza, in una lotta feroce con quell'animale che sicuramente era un esemplare straordinario. Eccome se lo era! Si trattava di un salmone gigantesco, il più grande che ho visto in vita mia, lungo quasi due metri e pesava 150 kg.

L'altro pescatore, senza scomporsi per la storia, continuò: – "Questo mi ricorda quella volta che mi trovavo in un piccolo lago, alla frontiera fra Germania e Francia. Ho notato che qualcosa di grande era abboccato, perché il filo aveva una tensione incredibile. Per varie ore ho dovuto sostenere uno sforzo continuo, ma alla fine sono riuscito a portarlo a secco. Si trattava di una moto Sanglas di quasi due tonnellate, che era appartenuta al Terzo Reich, vecchia di oltre quarant'anni ma ancora con le luci accese.

A quel punto, l'altro pescatore lo interruppe:–Andiamo, questo sì che non lo credo: come può una moto avere ancora le luci accese dopo essere stata sott'acqua per quarant'anni?–D'accordo, gli rispose. Io spengo le luci alla moto e tu togli 80 kg. al salmone: va bene?

Appena iniziata la lettura di questo libro, qualche lettore potrà avere la stessa reazione del pescatore scettico. Come si potrà parlare veramente del celibato? Questo è impossibile! Del resto, oggi non lo pratica nessuno!

Viviamo in una società che ha fatto della sessualità un argomento ossessivo, presente a proposito e a sproposito in ambito pubblico, interrompendo così millenni di tradizioni culturali. Sia nelle società di cacciatori ancora esistenti nelle remote foreste dell'Amazzonia o della Nuova Guinea – testimonianza viva di come era l'Umanità fino a poche migliaia di anni fa – sia nella società occidentale urbanizzata del secolo passato, le questioni relative all'attività sessuale erano considerate strettamente legale all'intimità, come una cosa troppo importante per spiattellarla in modo frivolo, forse consapevoli che la società gioca la propria sopravvivenza nella generazione sessuale.

Tutto questo è saltato per aria nella seconda metà del XX secolo con la cosiddetta rivoluzione sessuale, che da quel momento ha tentato di ridisegnare l'essenza stessa delle relazioni sessuali fino a trasformarle principalmente in puro edonismo, dimenticando il significato di unione affettiva e di procreazione al quale erano state sempre legate. Non è compito di questo libro analizzare le molteplici conseguenze negative di questo movimento: una utilizzazione massivamente commerciale del sesso, un indebolimento dell'impegno coniugale, un linguaggio sessuale esplicito negli spettacoli pubblici, nei film e a teatro, una riduzione del corpo – soprattutto quello femminile – a icona pubblicitaria, una crescita della prostituzione, ecc. A parte questi effetti, appare abbastanza chiara l'influenza che questo movimento esercita sulla crescita esplosiva del numero di aborti e sugli abusi sessuali di ogni genere.

Mi sembra importante citare queste cose per entrare correttamente nell'ambito culturale di un libro che si propone di mostrare una disposizione di vita che è in antitesi a questa rivoluzione sessuale. La scelta di vita di una persona che decide di astenersi per sempre dal piacere di generare si colloca agli antipodi di una società che lo considera una manifestazione irrinunciabile della personalità umana. Ancora più difficile può risultare comprendere che tale rinuncia ha una motivazione esclusivamente religiosa, quando questa stessa società considera la religione qualcosa di superato, con ben pochi legami con la vita quotidiana delle persone, e questo farebbe ritenere impossibile che incoraggi una decisione dalle conseguenze tanto radicali.

Stando così le cose, non ci si può meravigliare se molti giudicano il celibato innaturale, considerandolo un grande danno affettivo per chi lo vive, mentre altri negano semplicemente che esista. Non c'è dubbio che si tratta di uno degli argomenti in cui la concezione cristiana della vita si scontra più esplicitamente con alcuni degli attuali valori della società occidentale, per cui non si può fare a meno di mettere a fuoco le cose secondo una prospettiva diversa se si vuol capire perché molte delle grandi tradizioni spirituali dell'umanità, e non solo i cattolici, apprezzino molto il celibato come mezzo per raggiungere una maggiore profondità spirituale. Nel caso del cristianesimo, come poi vedremo, si tratta di una scelta di vita adottata dallo stesso Gesù, e risponde a una vocazione (chiamata) di Dio a una maggiore intimità con Lui. In definitiva, equivale a una dimostrazione palpabile che Dio può colmare le ansie d'amore dell'anima umana. Come diceva un teologo tedesco degli inizi del XIX sec. in un magnifico saggio sul celibato sacerdotale, per comprendere questa scelta di vita «... sono indispensabili, contemporaneamente, una profonda conoscenza dell'essenza del cristianesimo, ricettività di un ideale, vita interiore, sincerità e purezza di condotta» (Möhler, 2012)[1].

Prima di riflettere sulla motivazione e sul vissuto del celibato, mi sembra opportuno definire alcuni termini (verginità, celibato, continenza...) che sono associati al loro contenuto e che nel linguaggio confidenziale possono essere interpretati come sinonimi o dar luogo a una certa confusione. La verginità indica che una persona non ha mai avuto rapporti sessuali con altre persone. Si riferisce indistintamente a una donna o a un uomo, anche se nel primo caso ha una connotazione più comune che comporta anche una certa integrità fisica (di solito, la presenza dell'imene). La continenza fa riferimento all'astinenza da attività sessuali per un determinato periodo, che può essere permanente o no. Per esempio, nella vita coniugale si può praticare la continenza periodica, per motivi di salute, per distanziare le nascite o per altri motivi che i coniugi decidono di comune accordo. Il celibato, in termini stretti, comporta l'assenza di vincoli maritali. Si può applicare a una persona vergine, a chi è diventato vedovo, o anche a una persona convivente con un'altra senza essere sposati e che poi decide di rimanere nubile.

In questo libro mi riferirò al celibato come scelta di vita che implica il proposito di escludere in modo permanente le relazioni sessuali per un fine spirituale. In questo senso, la semplice assenza del vincolo matrimoniale non è sufficiente per considerare una persona celibe. Per esempio, non possiamo considerare celibi coloro che hanno partner sporadici o convivono maritalmente senza essere sposati (le cosiddette «coppie di fatto»), né coloro che, pur essendo sposati, decidono di non avere relazioni sessuali in modo permanente (continenza coniugale). Nel primo caso sarebbero celibi ma non continenti, e nel secondo continenti ma non celibi.

Il celibato non implica solamente l'astinenza sessuale e l'assenza del vincolo matrimoniale. Presuppone, inoltre, una centralità spirituale negli affetti e spesso anche una dedicazione più completa al servizio degli altri, come conseguenza di questo orientamento spirituale. Quando in questo saggio mi riferirò a un celibe, vorrà dire che sto parlando non solo di una persona celibe (senza vincolo matrimoniale), ma anche continente (che non ha rapporti sessuali) e che spesso è vergine, non avendone mai avuti. Possono vivere il celibato spirituale anche i vedovi, se ricevono questa chiamata. Come vedremo in queste pagine, il celibato non si definisce in chiave negativa (una assenza permanente del vincolo matrimoniale), ma si tratta di una risposta a una chiamata divina; pertanto ha un significato eminentemente positivo, è un'affermazione che richiede il preciso desiderio di offrire a Dio l'anima e il corpo in esclusiva, come integro dono della persona. È una scelta di vita adottata per concentrarsi nell'amore a Dio e, per Lui, a tutte le sue creature.

---

[1] Le citazioni testuali sono presentate indicando l'autore, l'anno dell'opera e la pagina, salvo i libri che ho letto in formato digitale, dove l'impaginazione è dinamica. Alla fine del libro è incluso un elenco completo delle opere citate. Per le citazioni della Sacra Scrittura è indicata l'abbreviazione del libro, il capitolo e il versetto. Sono tutte tratte dalla Bibbia di Gerusalemme.

Quando ho cominciato a darmi da fare per comprendere meglio le radici e il fondamento teologico del celibato dei laici, ho constatato che su tale questione quasi non c'erano testi. La maggior parte del materiale disponibile (saggi e documenti del Magistero della Chiesa) si riferivano al celibato sacerdotale, sottolineando i frutti che dà questo impegno, sia per l'anima del sacerdote che dei fedeli dei quali egli si prende cura (Cantalamessa, 2005; Lorda, 2003; McGovern, 1998; Möhler, 2012; Vess, 2006). Benché queste opere fossero per me molto utili, mi sembrava che non esaminassero in modo esauriente le peculiarità della vocazione al celibato dei fedeli laici. L'assenza di studi specifici sull'argomento mi ha indotto a propormi di scrivere questa opera, anche se fin dal primo momento mi era chiaro che non sarebbe stato un saggio teologico sulla questione, ma più che altro un testo di esperienze di vita, che tentava di mettere in evidenza le ragioni di fondo nell'affrontare questa scelta di vita e, soprattutto, la ricchezza umana e soprannaturale in essa contenuta.

Naturalmente, tra il celibato sacerdotale e quello laicale le similitudini sono molte, tanto nel fondamento teologico quanto nella pratica ascetica, però vi sono anche alcune differenze interessanti. Per esempio, per i laici il celibato non è associato teologicamente alla loro condizione (essere laico non implica essere celibe; essere sacerdote nella Chiesa latina sì), e questo mi sembra che confermi ancor più che si tratta di una scelta di vita fatta liberamente. E non è legato neppure al carattere delle funzioni che il laico compie (la continenza sessuale, come vedremo, è stata associata tradizionalmente alla funzione sacra del chierico), ma piuttosto con la ricerca della perfezione spirituale e del dono dei propri talenti al servizio degli altri. Inoltre, la vita celibe di un laico ha anche alcune particolarità rispetto a quella di un religioso, in quanto si svolge nello stesso ambito professionale e sociale di altre persone con una diversa situazione coniugale, con maggiori occasioni di interagire con coloro che possono risultargli attraenti sul piano affettivo. Infine, i laici celibi non portano nessun segno esteriore che dichiari il loro impegno di dedizione esclusiva a Dio.

Sebbene fin dai primi tempi della Chiesa si contano numerosi casi di cristiani normali che rinunciano a formare una famiglia per dedicarsi più intensamente a servire Dio e gli altri (Guerra Gómez, 2002b), troviamo poche tracce sul celibato laicale nella documentazione storica di cui disponiamo. Tradizionalmente, il celibato è stato associato alla vocazione sacerdotale – attività apostolica – o religiosa – allontanamento dal mondo – e molto raramente alla ricerca della santità in mezzo al mondo, forse per la mancanza di un contesto teologico che rafforzasse la vocazione universale alla santità, e pertanto il ruolo dei laici nella Chiesa (vedere, a tal riguardo, la magnifica opera di Burkhart e López Díaz, 2012). Grazie all'impulso teologico dato dal Concilio Vaticano II, ora si comprende con una profondità nuova l'impegno che per tutti i cristiani deriva dal Battesimo, che ci rende partecipi del sacerdozio reale di Cristo, conferendoci la vita della grazia, chiamandoci nello stesso tempo a una nuova responsabilità evangelizzatrice. Questo impulso suscita inoltre nuove vocazioni laicali nella Chiesa, chiamate che Dio rivolge ai cristiani che vivono in mezzo al mondo. Alcune di queste vocazioni richiedono che si viva una dedicazione piena che, da un lato, conduca coloro che rispondono affermativamente a una particolare intimità con Lui e, dall'altro, a una maggiore disponibilità per servire gli altri con la propria vita.

Già da parecchi mesi leggevo testi intorno alla storia e al significato del celibato cristiano, e avevo elaborato una prima stesura del testo abbastanza completa, quando un amico mi ha segnalato che in Spagna era stato appena pubblicato un libro di Mauro Leonardi (2015), anch'esso dedicato al celibato dei laici. La mia prima reazione appena avuta notizia di questo saggio è stata quella di rinunciare alla pubblicazione del mio manoscritto, perché di primo acchito prevedevo che sarebbero stati molti i punti simili. Dopo averlo letto, ho deciso di non recedere dalla volontà di dare alle stampe quest'opera, perché il libro di Leonardi è orientato ai fondamenti teologici del celibato dei laici, confrontandolo con quello dei religiosi o dei sacerdoti. Il libro contiene una serie di considerazioni molto ricche, ma – a mio modo di vedere – più adatte a teologi che a persone normali che cercano di capire meglio e di vivere il carisma del celibato pur senza tralasciare le loro attività professionali e sociali. Questa, e altre opere che cito nel testo, appaiono di grande interesse per stabilire le origini storiche e il sostrato teologico del celibato. Ho cercato di estrarre da esse quello che mi è sembrato applicabile anche al celibato laicale, ma mi sembra che abbiano focalizzazioni e motivazioni molto diverse da quelle che si propone questo libro.

Nell'ultima fase di redazione di questo testo mi sono avvalso dell'inestimabile aiuto di colui che ha scritto il Prologo, il Prof. Javier López Díaz, ordinario di Teologia spirituale alla Pontificia Università della Santa Croce (Roma). Ben noto esperto dell'argomento, ha avuto l'amabilità di fornirmi orientamenti e materiali che hanno migliorato sostanzialmente il sostrato teologico e la visione storica del celibato che il libro contiene. Inoltre, vista la mia perplessità intorno alla qualità del manoscritto, poter contare sulla sua approvazione e sul suo incoraggiamento – data la sua profonda conoscenza dell'argomento – è stato per me il motivo principale per darlo alle stampe. Gli sono sinceramente grato per l'aiuto datomi.

Dividerò il libro in quattro parti. Prima di tutto, un panorama storico sul significato del celibato in varie tradizioni spirituali, anche se con un particolare riferimento alla storia del cristianesimo. Mi sembra importante sottolineare che il celibato non è una scelta di vita esclusivamente cattolica, ma che è presente in tutte le grandi tradizioni spirituali dell'Umanità, sempre associato alla ricerca di una spiritualità più profonda; insomma, sia chiaro che non si tratta, in parole povere, di una «mania dei cattolici», ma che è quasi universalmente considerato una scelta di vita per coloro che cercano una maggiore perfezione spirituale, anche se ovviamente non si può generalizzare: vi si orientano persone specifiche, quelle chiamate a questo cammino. Nel secondo capitolo commenterò il significato del celibato nella Sacra

Scrittura e nella tradizione spirituale della Chiesa cattolica. In seguito mi concentrerò nelle motivazioni che giustificano la scelta di questo modo di vivere, dimostrando che si tratta della risposta a una chiamata particolare di Dio, che ha anche un impatto positivo in tutti gli ambienti in cui si svolge la vita del celibe. Nell'ultimo capitolo, secondo me il più interessante, cercherò di commentare alcune conseguenze pratiche del celibato nella vita del fedele laico che accetta questo carisma, illustrandone alcune sulla base della mia esperienza personale. Dato che sono membro della Prelatura dell'Opus Dei, baso questa esperienza sul carisma proprio di questa istituzione della Chiesa. Naturalmente questa non è l'unica maniera che un laico ha di vivere il celibato, dato che sono diverse le realtà ecclesiali che prevedono laici celibi. Può darsi che le mie riflessioni non siano sufficientemente complete per coloro che seguono altri carismi, però sarei contento se, in qualche modo, tornassero utili anche per loro.

Come riassunto di questo libro potrei affermare che chi si dà del tutto a Dio ha Tutto, perché Dio è Amore infinito. Il celibe, dunque, è uno che sa amare «con tutto il cuore» Dio e gli altri, come ci chiede il primo e più importante comandamento predicato da Gesù. Una persona che vive il celibato spirituale non è un insensibile, che si rammarica di tutto ciò di cui fa a meno, ma uno pienamente innamorato, che ama tanto da non poter amare soltanto una persona: ama in primo luogo Gesù Cristo e, poi, tutti quelli che Egli pone nei pressi del suo percorso di vita.

Mi sembra opportuno terminare questa introduzione dichiarando i motivi che mi hanno indotto a scrivere questo libro, perché indubbiamente si tratta del più personale tra quelli che ho scritto finora. Non sono un teologo professionista e non ho intenzione, in questo caso, di contribuire con argomenti importanti al dibattito teologico sull'origine del celibato laicale (non c'è alcun dubbio che il libro di Mauro Leonardi, da questo punto di vista, sia un riferimento migliore). Ho cercato di documentarmi bene prima di scrivere questo libro, che però non è messo a fuoco tanto sulla teoria quanto soprattutto sull'esperienza di vita. Sono semplicemente un professore universitario che ha praticato il celibato apostolico per più di quattro decenni. Logicamente, ho riflettuto spesso sul significato di questa vocazione e sul modo di viverla più pienamente, sia nei momenti più luminosi che in altri di maggiore oscurità interiore. Non sono per nulla d'accordo con la frase che si attribuisce ai consiglieri adulatori di Ferdinando VII: «Lungi da noi la funesta mania di pensare». Come cristiano e come membro dell'Opus Dei, sono convinto che non è possibile fare a meno di pensare se si vuole intrattenere un rapporto con Dio, come Egli stesso ci chiede, mediante il dialogo, la lode e l'adorazione. Scrivere intorno a ciò che uno ha nella mente e nel cuore sembra piuttosto ragionevole per chi è abituato a pensare. Che da ciò trarranno frutti coloro che leggeranno queste pagine non compete a me prevederlo: lasciamo che sia lo Spirito Santo, se gli sembrerà opportuno, a dare fecondità a queste righe.

Emilio Chuvieco Salinero

1. UNA PANORAMICA STORICA

1.1 Il celibato nel popolo di Israele

La tradizione ebraica non era molto favorevole al celibato, in parte come conseguenza di una interpretazione pressoché letterale che si faceva del primo capitolo della Genesi:

> ... *Dio li benedisse e disse loro: "Siate fecondi e moltiplicatevi, riempite la terra; soggiogatela e dominate sui pesci del mare e sugli uccelli del cielo e su ogni essere vivente, che striscia sulla terra"* (Gn 1, 28).

Condividendo un tale apprezzamento per la fecondità, nella tradizione ebraica una discendenza numerosa è considerata una benedizione di Dio. Per esempio, nel capitolo 5 della Genesi, in cui si ricorda la discendenza di Adamo ed Eva, si ripete continuamente la frase "e generò figli e figlie", indicandolo come una dimostrazione della predilezione divina. Termini simili fanno riferimento alla discendenza di Noè dopo la distruzione dell'umanità provocata dal Diluvio. La figura emblematica dei patriarchi dell'Antico Testamento è Giacobbe, nipote di Abramo, con dodici figli maschi che danno origine alle dodici tribù nelle quali tradizionalmente si divide il popolo ebreo.

Se nell'Antico Testamento la fecondità è un segno di predilezione divina, la mancanza di discendenza (o per sterilità o per mancanza del coniuge) è generalmente considerata una disgrazia. Il libro dei Giudici ci narra un caso assai significativo. Il protagonista è Iefte, che è scelto dagli anziani del popolo come comandante della campagna contro gli ammoniti. Vinte le sue reticenze iniziali, Iefte accetta l'incarico e chiede aiuto a Dio, facendogli una promessa in caso di vittoria. La Sacra Scrittura ce la racconta in questi termini:

> *Iefte fece voto al Signore e disse: "Se tu mi dai nelle mani gli ammoniti, la persona che uscirà per prima dalle porte di casa mia per venirmi incontro, quando tornerò vittorioso dagli ammoniti, sarà per il Signore e io l'offrirò in olocausto". Quindi Iefte raggiunse gli ammoniti per combatterli e il Signore glieli diede nelle mani. Egli li sconfisse da Aroer fin verso Minnit, prendendo loro venti città, e fino ad Abel-Cheramin. Così gli ammoniti furono umiliati davanti agli israeliti. Poi Iefte tornò a Mizpa, verso casa sua; ed ecco uscirgli incontro la figlia, con timpani e danze. Era l'unica figlia: non aveva altri figli, né altre figlie. Appena la vide, si stracciò le vesti e disse: "Figlia mia, tu mi hai rovinato! Anche tu sei con quelli che mi hanno reso infelice! Io ho dato la mia parola al Signore e non posso ritirarmi". Essa gli disse: "Padre mio, se hai dato parola al Signore,*

fa' di me secondo quanto è uscito dalla tua bocca, perché il Signore ti ha concesso vendetta sugli ammoniti, tuoi nemici". Poi disse al padre: "Mi sia concesso questo: lasciami libera per due mesi, perché io vada errando per i monti a piangere la mia verginità con le mie compagne". Egli le rispose: "Va'!", e la lasciò andare per due mesi. Essa se ne andò con le compagne e pianse sui monti la sua verginità. Alla fine dei sue mesi tornò dal padre ed egli fece di lei quello che aveva promesso con voto. Essa non aveva conosciuto uomo; di qui venne in Israele questa usanza: ogni anno le fanciulle di Israele vanno a piangere la figlia di Iefte il Galaadita per quattro giorni (Gdc 11, 30-40).

Benché sicuramente la verginità non fosse un ideale di vita per gli ebrei, si può osservare che vi sono alcune testimonianze dell'apprezzamento spirituale della continenza sessuale, per esempio quella associata alle funzioni sacre dei sacerdoti. Infatti, c'era l'abitudine che quelli che erano di turno sacro si astenessero dall'avere rapporti con le proprie mogli durante questo periodo. Inoltre, la Sacra Scrittura ci parla della vita da celibe di alcuni profeti maggiori come Elia, che appare nel Libro dei Re ed è modello per le vergini cristiane come più tardi diranno san Clemente e san Girolamo. Furono celibi anche i grandi profeti Eliseo e Geremia. In quest'ultimo caso, si dice esplicitamente che Dio gli chiede di rimanere celibe come immagine della precarietà che caratterizzerà il regno di Giuda in vista dell'imminente conquista da parte dei caldei e del successivo esilio a Babilonia.

Man mano che ci avviciniamo al tempo della venuta di Gesù aumenta nel popolo ebraico l'apprezzamento del celibato come simbolo di purezza spirituale. Due testimonianze tratte dal Nuovo Testamento sembrano indicarlo. Da un lato, san Luca, nel suo racconto della presentazione di Gesù al Tempio, ci parla della profetessa Anna, la quale dall'adolescenza viveva completamente dedicata al servizio del Tempio, dopo un breve periodo in cui era stata sposata. Dall'altro lato, sappiamo anche che san Giovanni Battista, parente e precursore di Gesù, si dedicò pienamente alla sua missione profetica nel deserto, circondato da un numero notevole di discepoli. Sembra che apprezzassero il celibato anche gli esseni, un ramo austero del giudaismo che viveva in comunità quasi monastiche, generalmente in luoghi isolati. Come è ben noto, a queste comunità appartengono i manoscritti trovati nel 1948 nelle grotte di Qumran, di straordinaria importanza per lo studio dell'Antico Testamento.

1.2 Alcuni celibi tra i primi cristiani

Questo crescente apprezzamento della verginità tra gli ebrei si mette in evidenza in modo particolare nella vocazione di quella che chiamiamo propriamente la Vergine Maria, Madre di Gesù. Vari autori spirituali sono del parere che esisteva un impegno previo di Maria di dedicare interamente il suo corpo a Dio, ancor prima di ricevere l'annunzio dell'arcangelo Gabriele. Nel narrarci l'Annunciazione, il Vangelo di san

Luca ci dice che l'angelo fu inviato da Dio «...a una vergine, promessa sposa di un uomo della casa di Davide, chiamato Giuseppe. La vergine si chiamava Maria» (*Lc* 1, 27). Maria ascolta il messaggio con attenzione e fa una sola domanda. Non c'è dubbio che dopo un messaggio così inaudito (è l'unica persona che, nella Storia, ha ricevuto un simile messaggio) avrebbe potuto fare molte domande, informarsi su molti dettagli approfittando della presenza del messaggero di Dio; Lei però vuole chiarito un solo aspetto: «Come è possibile? Non conosco uomo» (*Lc* 1, 34). Era una giovinetta promessa sposa, per cui questa domanda sembra aver senso solo se Maria si preoccupasse di capire meglio come questo messaggio calzasse con una chiamata divina a un impegno di verginità da Ella ricevuto precedentemente, magari pochi mesi prima dell'arrivo dell'angelo Gabriele. D'altra parte, che una donna che sta per andare ad abitare col marito cerchi di informarsi come avrà un figlio non sembra una domanda molto pertinente. Infatti, niente di tutto questo hanno domandato altre persone che avevano ricevuto messaggi divini che annunciavano nascite straordinarie (per esempio, Zaccaria, il padre di Giovanni il Battista, *Lc* 1, 18; i genitori di Sansone, *Gdc* 13, 3-19; o la madre di Samuele, *1 Sam* 1, 17), perché davano per scontato che il concepimento di queste creature sarebbe avvenuto per generazione sessuale. Straordinaria non era la modalità, ma che il fatto avvenisse in seno a coppie sterili.

Nel caso della Vergine Maria, se ella era convinta che Dio le avesse chiesto una donazione perfetta del suo corpo, sembrava ragionevole domandare ora se la nuova chiamata fosse compatibile con quella precedente o se si trattasse invece, se possiamo dir così, di un «cambiamento di programmi». Il chiarimento dell'angelo (concepimento miracoloso per azione diretta dello Spirito Santo), confermò a Maria che i due messaggi provenivano dalla stessa fonte e che il suo impegno verginale era compatibile con la sua maternità, grazie all'onnipotenza di Dio. Chiarito questo dubbio, Maria rispose con un'adesione piena e fiduciosa a quello che Dio le chiedeva: «Eccomi, sono la serva del Signore, avvenga di me quello che hai detto» (*Lc* 1, 38).

In quell'epoca non esisteva in Palestina un'accettazione sociale della verginità, e perciò sposarsi con san Giuseppe permetteva a Maria di adempiere il suo impegno interiore con Dio, mantenendo una situazione sociale ragionevole, naturalmente sempre che Giuseppe conoscesse e accettasse quell'impegno. In caso diverso, il matrimonio sarebbe stato nullo. Giuseppe che, come ci dice il Vangelo, «era giusto» (e questo nel linguaggio biblico equivale a santo), comprenderà perfettamente questa vocazione verginale di Maria, accettando di sposarsi con lei e di convivere uniti da un amore puramente spirituale.

La fede cattolica afferma che Maria visse verginalmente prima e dopo il parto di Gesù. Eppure molti protestanti continuano a negare la verginità perpetua di Maria, basandosi su una interpretazione letterale di alcuni passi dei Vangeli che parlano dei «fratelli di Gesù». Come ci dice la tradizione cristiana dei primi secoli, questi riferimenti identificano i parenti prossimi del Signore, in concomitanza con l'ampio concetto di famiglia che avevano gli ebrei dell'epoca. La prova più evidente, a mio modo di vedere, che Maria non aveva altri figli oltre a Gesù ci viene dalla testimonianza di san Giovanni, che conosceva molto bene Maria, perché l'accolse quale madre negli ultimi anni della sua vita per indicazione espressa di Gesù:

> *Stavano presso la Croce di Gesù sua madre, la sorella di sua madre, Maria di Cleofa e Maria di Magdala. Gesù allora, vedendo la madre e lì accanto a lei il discepolo che egli amava, disse alla madre: "Donna, ecco il tuo figlio!". Poi disse al discepolo: "Ecco la tua madre!". E da quel momento il discepolo la prese nella sua casa* (*Gv* 19, 25-27).

Ha una logica che Gesù chieda a un discepolo di prendersi cura di sua Madre, di accoglierla nella sua casa, se Maria avesse avuto altri figli che dovevano legalmente prendersi cura di lei? Benché alcune sette gnostiche negarono la verginità perpetua di Maria, praticamente l'unanimità degli scrittori cristiani più antichi la confermano: Sant'Ignazio di Antiochia e Origene (rispettivamente, II e III sec.), Eusebio da Cesarea, Sant'Atanasio, Sant'Efrem..., e solo Tertulliano interpreta letteralmente i riferimenti ai fratelli di Gesù volendo difendere la sua Incarnazione reale (è il caso di ricordare che Tertulliano finì i suoi giorni seguendo una setta rigorista , i montanisti, e dunque fuori dalla comunità della Chiesa).

Sant'Ambrogio (IV sec.) fornisce una ragione molto profonda della verginità di Maria. Dice che chi era stato generato verginalmente in seno alla Santissima Trinità (solo il Padre genera il Figlio, e dunque lo genera verginalmente), non poteva che essere generato in modo verginale nel tempo: non poteva che nascere da una Madre Vergine (cfr. Sant'Ambrogio, 377: PL 16, 195).

Vergine era la Madre e vergine fu suo Figlio. La vita di Gesù è naturalmente il modello di tutti gli aspetti della vita cristiana, inclusa anche la castità, la virtù che regola la passione sessuale. Sia da ciò che ci dicono questi racconti della vita di Gesù, sia dalle testimonianze degne di fede che ci hanno trasmesso i primi cristiani, sappiamo che Gesù è stato celibe, che la sua vita è trascorsa nel lavoro quotidiano della sua famiglia (con Maria e Giuseppe, fino alla morte di quest'ultimo) e poi in una dedizione assoluta alla sua missione di evangelizzazione nei tre anni approssimativi di durata della sua vita pubblica. Nei Vangeli ben poco ci vien detto sui primi 30 anni della vita di Gesù, che di solito, per questa ragione, vengono chiamati di vita nascosta, in contrapposizione ai tre anni della sua predicazione pubblica. Naturalmente, anche quegli anni hanno un valore redentivo e costituiscono un esempio per tutti i cristiani. Se così si può dire, sono di particolare esempio per noi fedeli laici che cerchiamo di imitare Gesù pur tra le occupazioni ordinarie e il lavoro professionale. Che una persona di circa 30 anni non fosse sposata nella Israele di allora era particolarmente inconsueto. Indubbiamente strideva con la consuetudine dell'epoca, dove era normale contrarre matrimonio in gioventù. Ovviamente Gesù scelse di non sposarsi per essere completamente disponibile per la sua missione redentrice, ma questo non vuol dire che avesse un atteggiamento contrario o poco amabile verso le donne. I testi evangelici ci mostrano Gesù come una persona di straordinaria attrattiva umana, che induce molte persone a seguirlo dovunque, alcune in modo quasi istantaneo (Matteo, Zaccheo, la Samaritana...). Ogni suo rapporto con uomini e donne è colmo d'affetto, vuol bene a tutti e ha molti amici, gente che gli dimostra una grande familiarità (Marta, Lazzaro, Maria, Nicodemo...).

San Gregorio di Nissa (IV sec.) dice che Gesù doveva essere celibe, perché era venuto al mondo non per generare figli «da sangue o da volere di carne» (*Gv* 1, 13), ma per darci la vita soprannaturale generandoci come figli di Dio (*Gv* 1, 16). E la vita soprannaturale, nella sua stessa fonte che è la Santissima Trinità, si trasmette verginalmente, come afferma sant'Ambrogio e come abbiamo già detto (cfr. San Gregorio di Nissa, 370, 2, 1, 1-11).

Come vedremo nel prossimo capitolo, Gesù ci presenta le basi teologiche del celibato spirituale nella sua predicazione, soprattutto riguardo a questioni sulla corretta interpretazione della tradizione giudaica. Inoltre, in diversi passi del Vangelo mostra il grande valore della castità e invita i discepoli a essere puri di cuore («Beati i puri di cuore, perché vedranno Dio», *Mt* 5, 8, e «Chiunque guarda una donna per desiderarla, ha già commesso adulterio con lei nel suo cuore», *Mt* 5, 28). D'altra parte, sottolinea con la sua presenza alle nozze di Cana il valore dell'amore tra gli sposi (*Gv* 2), e allo stesso tempo invita a rinunciare a tante cose buone (famiglia, casa, lavoro...) per accettare un impegno completo con il Regno dei Cieli, promettendo il cento per uno a una donazione del genere (*Mt* 19, 29; *Mc* 10, 29; *Lc* 18, 20-30).

Nella Chiesa l'esempio di vita e la predicazione di Gesù sulla verginità sono stati così chiari che fin dagli inizi della Chiesa alcuni cristiani hanno seguito questa via per amore a Dio. Tra gli apostoli, sappiamo che alcuni, quando furono chiamati dal Signore, erano sposati, come è il caso di san Pietro, tanto è vero che il Vangelo racconta che Gesù guarì sua suocera (*Mt* 8, 14), ma sappiamo anche da varie testimonianze antiche, come quella di san Girolamo, che citeremo in seguito con maggiori dettagli, che dopo essere stati costituiti apostoli osservarono una completa continenza sessuale. Sappiamo anche che altri apostoli non erano sposati, come san Giovanni e san Paolo, e scelsero di rimanere celibi per il resto della vita. Particolarmente interessante per l'argomento che stiamo trattando è l'esempio di san Giovanni, il più amato dei discepoli di Gesù, modello delle vocazioni giovanili a una piena dedizione al loro servizio (Leonardi, 2015). Mi sembra che sia molto significativo che Gesù decida sulla Croce di lasciare sua Madre alla custodia di questo apostolo celibe, il quale aveva saputo amarlo più da vicino e più intimamente.

Come poi vedremo (cap. 2.1), è molto interessante esaminare alcune lettere di san Paolo dove egli tratta la questione della verginità nel dare risposta a precisi pareri che gli chiedono le prime comunità da lui evangelizzate. San Paolo loda coloro che vivevano in questo stato per vocazione divina e raccomanda loro di perseverare in questa scelta di vita. Il testo più chiaro in tal senso si trova nella sua prima lettera ai Corinzi (*1 Cor* 7, 7-8), malgrado che questa città non si distingua certo per pudore e moderazione, come appare chiaro dal fatto che un cristiano conviveva con la donna di suo padre (e al quale nella stessa lettera san Paolo chiede di allontanarsi dalla comunità). In poche parole, san Paolo rivolge una sua difesa del celibato a una comunità che vive in un ambiente licenzioso, senza mitigare per questo la propria esigenza.

A tal riguardo, è bene ricordare che tra i primi cristiani sono abbondanti le testimonianze di donne e uomini laici che decidono di vivere in piena continenza, da vergini, termine che all'epoca indicava i celibi di ambo i sessi. Il libro di Manuel Guerra (2002b) lo documenta molto bene, riunendo alcuni racconti di scrittori dei primi secoli del cristianesimo. Già negli Atti degli Apostoli, san Luca, compagno di san Paolo in alcuni viaggi apostolici, riferisce di alcuni tra i primi cristiani che vivevano la verginità: «Ripartiti il giorno seguente, giungemmo a Cesarea; ed entrati nella casa dell'evangelista Filippo, che era uno dei Sette, sostammo presso di lui. Egli aveva quattro figlie nubili, che avevano il dono della profezia» (*At* 21, 8-9). La tradizione riporta testimonianze successive di due di loro, che morirono vergini alcuni decenni più tardi a Ierapoli (Hierápolis, nell'attuale Turchia). In diversi brani degli scritti di san Clemente romano, sant'Ignazio di Antiochia o san Policarpo (tutti del I e II sec.), si fa riferimento anche a persone vergini che vivevano in diverse comunità senza nessuna consacrazione speciale, vale a dire come fedeli laici. Per esempio san Policarpo, secondo la tradizione discepolo diretto di san Giovanni, chiede ai filippesi: «Le vergini camminino in irreprensibile e pura coscienza» (Ad Philippenses 5, 3; 65). Abbiamo anche una testimonianza pagana, quella del famoso medico Galeno, che intorno al 201, riferendosi ai cristiani, dice: «Tra loro ci sono donne e uomini che per tutta la vita si sono astenuti dall'unione sessuale» (citato da Guerra Gómez, 2002b, 119).

1.3 Il celibato sacerdotale

Anche se non è l'argomento principale di quest'opera, è bene ricordare l'importanza della tradizione del celibato tra i sacerdoti cristiani, come testimonianza dell'apprezzamento che avevano i primi seguaci della Fede nei confronti del dono del celibato. Non c'è dubbio che agli inizi della Chiesa vi furono molti uomini sposati che ricevettero l'ordine sacerdotale, ma è anche vero che fonti diverse documentano che altri si ordinavano celibi, seguendo l'esempio di Gesù e di alcuni apostoli. Inoltre, l'associazione tra continenza sessuale e sacerdozio è presente fin dai primi tempi della Chiesa (Cochini, 2006), sempre nell'ambito di un dono ricevuto da Dio e orientato al servizio degli altri («per il Regno dei Cieli»). Infatti, molte testimonianze riportano il convincimento dei primi cristiani secondo cui gli apostoli che erano sposati prima di conoscere il Signore praticarono la continenza a partire dalla loro chiamata (Cochini, 2006).

È di un certo interesse ricordare le parole che san Paolo rivolge a Timoteo, con le quali descrive le caratteristiche adatte alla persona che riceverà gli ordini sacri. In queste raccomandazioni pastorali afferma che il candidato a vescovo dovrebbe essere «... irreprensibile, non sposato che una sola volta, sobrio, prudente, dignitoso, ospitale, capace di insegnare» (*1 Tm* 3, 2). È vero che qui san Paolo non cita il celibato, e questo secondo alcuni è la prova che esso non è realmente costitutivo del ministero sacerdotale, ma qualcosa di posticcio aggiunto nei secoli successivi. Orbene, la chiave di questa frase di san Paolo è l'interpretazione teologica che si dà all'espressione «sposato una sola volta». Chiaramente, l'Apostolo non si sta riferendo alla possibilità che l'eventuale vescovo non abbia varie mogli contemporaneamente (questo era inaccettabile non solo per un vescovo, ma per un fedele cristiano qualunque!), ma piuttosto al fatto che si fosse sposato una volta; e così, nel caso fosse diventato vedovo, non si sarebbe risposato. Perché include questo requisito? Quale deterioramento morale potrebbe comportare il fatto che un sacerdote vedovo contraesse un nuovo matrimonio, se per un fedele laico questo era perfettamente ammissibile?

Questa raccomandazione dell'Apostolo è stata sempre ritenuta nella Chiesa come un invito a fare in modo che l'uomo sposato che accedesse agli ordini sacri osservasse l'astinenza sessuale. Molti Padri della Chiesa (sant'Ambrogio, san Siricio, San Giovanni Crisostomo, san Girolamo,...) sostengono che la raccomandazione paolina si interpreta meglio ammettendo che gli uomini sposati che erano stati ordinati sacerdoti prendevano l'impegno di astenersi dai rapporti coniugali, logicamente in comune accordo con la moglie (che doveva accettare liberamente l'ordinazione del marito). Se siamo d'accordo su questo punto, capiremo meglio la raccomandazione di san Paolo di evitare seconde nozze, perché, se prima di essere Vescovo, si fosse sposato in seconde nozze una volta divenuto vedovo, si avrebbe motivo di dubitare che fosse capace di praticare la continenza totale che esigeva la condizione di Vescovo o la condizione di presbitero una volta ordinato.

La continenza perfetta dei sacerdoti sposati (riguardo ai sacerdoti celibi, si presume che la osservino) sta dietro al primo documento scritto che è arrivato fino a noi, in cui la continenza sessuale si lega con più precisione al sacramento dell'ordine sacerdotale. Il documento fu approvato dal concilio di Elvira, celebrato nel 305 in una località prossima all'attuale Granada. A questo concilio regionale parteciparono vescovi di 20 diocesi spagnole. In uno dei canoni, il 33, si legge:

È stato deciso che i vescovi, i presbiteri e i diaconi si astengano dal rapporto coniugale con le loro mogli e dal generare figli: se qualcuno lo fa, sia escluso dall'onore del ministero ecclesiastico (citato da Möhler, 2012).

Questo decreto, come vediamo, è una conferma dell'interpretazione del testo paolino di cui parlavamo prima. Nello stesso tempo ci dice che questa pratica già si viveva dagli inizi del cristianesimo, per cui possiamo affermare che ha radici apostoliche (Cochini, 2006) e non è la conseguenza di una crescente "spiritualizzazione" del cristianesimo, come altri autori sostengono. Nello stesso senso, il concilio africano di Cartagine, nel 390, conferma la norma secondo cui il vescovo, il presbitero e il diacono, custodi della purezza, si debbono astenere (dal rapporto coniugale) con la propria moglie affinché *"osservino una castità perfetta nel servizio dell'altare"*. Sulla stessa linea, alla fine del IV sec., il vescovo san Epifanio dà questa indicazione:

La Chiesa esclude dagli ordini di diacono, presbitero, vescovo e suddiacono colui che, pur essendo marito di una sola donna, vive tuttavia nel matrimonio e genera figli; essa ammette solo colui che si separa dalla sua unica moglie con la continenza o è vedovo (Expositio fidei catholicae, PG 42, 823).

Allo stesso modo san Girolamo, agli inizi del V sec., nella sua risposta a un sacerdote spagnolo, Vigilancio, che considerava la continenza una eresia e la castità una virtù che eccitava le passioni, attesta che in Oriente esiste un'antica tradizione di celibato e continenza che egli conosce bene:

Che faranno allora le Chiese d'Oriente? Che faranno quelle d'Egitto e quelle della Sede Apostolica, che non ammettono se non chierici celibi o continenti, o che, se sono sposati, non fanno uso dei rapporti coniugali? (San Girolamo, 406).

Ed è ancora più esplicito nello scrivere al suo amico, il senatore san Pamaquio, quando afferma che:

Cristo vergine e Maria vergine hanno consacrato l'inizio della verginità in entrambi i sessi. Gli Apostoli furono o vergini o continenti dopo il matrimonio. I Vescovi, i presbiteri e i diaconi sono scelti tra quelli che sono vergini o tra i vedovi; in ogni caso, una volta ricevuto il sacerdozio, osservano la castità perfetta (San Girolamo, 392).

Anche nell'oriente cristiano abbiamo documenti dello stesso tenore, che testimoniano l'accettazione della continenza completa dei chierici, sia tra quelli celibi – sempre più numerosi – che tra gli sposati. Conviene sottolineare, in questo senso, che non è lo stesso che si possano ordinare persone sposate o che si sposino persone ordinate, pratica che è respinta fin dai primi secoli del cristianesimo, sia in oriente che in occidente. Infatti, il concilio di Neocesarea (celebrato fra il 314 e il 319 in Cappadocia) include un canone molto chiaro:

> *Se un presbitero si sposa, sia deposto dai suoi ordini. Se ha fornicato o commesso adulterio, sarà inoltre scomunicato e sottoposto a penitenza* (citato da Möhler, 2012).

Il concilio di Nicea (325), praticamente il primo concilio universale della Chiesa, convalida questo canone, elevandolo a un carattere più generale. È ancora ammessa l'ordinazione sacerdotale delle persone sposate, ma sembra confermata la disposizione del concilio di Elvira perché i chierici vivano la continenza coniugale. Può essere questo il senso del canone 3, che "proibisce al chierico di avere donne nella sua casa, a meno che non si tratti della madre, della sorella, della zia o di una «persona al di là di ogni sospetto» (Gefaell, 2013, 1001).

Superato il difficile periodo dovuto all'assorbimento dei popoli barbari, molti dei quali si convertirono al cristianesimo attraverso l'eresia ariana, la riforma gregoriana nell'occidente cattolico permise di consolidare la disciplina del celibato sacerdotale a partire dalla fine dell'XI sec. (McGovern, 1998). Il primo concilio ecumenico Lateranense, anno 1123, associa in modo chiarissimo il celibato all'ufficio sacerdotale, dichiarando:

> *Proibiamo nel modo più assoluto ai sacerdoti, ai diaconi e ai suddiaconi di vivere con le concubine o con le mogli e di coabitare con donne diverse da quelle con cui il concilio di Nicea ha permesso di vivere soltanto per ragioni di necessità, cioè: la madre, la sorella, la zia paterna o materna, o altre simili, sulle quali onestamente non possa sorgere alcun sospetto* (Denzingher, 1995, p. 405).

Dopo il convulso periodo dello scisma protestante, dove il celibato sacerdotale venne duramente attaccato, il concilio di Trento confermò la necessità del celibato per i sacerdoti cattolici. Nel canone 9 di questo concilio si conferma la proibizione di contrarre matrimonio ai chierici costituiti negli ordini sacri o ai religiosi che hanno fatto solenne professione di castità. Si dichiara nel contempo la nullità del matrimonio, nel caso sia stato compiuto, insieme con il dovere di chiedere a Dio il dono della castità con retta intenzione (cfr. ib.).

In questo quadro storico, è importante sottolineare che gli attacchi al celibato provenienti dai luterani, non sono indirizzati tanto alla tradizione storica, quanto in ultima analisi alla concezione che la Chiesa cattolica ha dell'ordine sacerdotale. La discussione di fondo faceva riferimento alla misura in cui un sacerdote è semplicemente un ministro che serve la comunità, con alcune funzioni concrete – come affermano i protestanti -, oppure è un'icona di Gesù Cristo, un'immagine del suo triplice ufficio reale, sacerdotale e profetico. In questo secondo senso, quello proprio del cattolicesimo, il celibato del sacerdote è concepito come una continuazione del celibato di Cristo, la cui donazione completa alla sua Chiesa ha, come afferma san Paolo nella sua lettera agli Efesini, anche un profondo significato sponsale. D'altra parte, il concilio di Trento, inoltre, arricchisce notevolmente la preparazione dottrinal-religiosa degli aspiranti al sacerdozio con la creazione dei seminari, migliorando la selezione dei candidati e facilitando notevolmente l'esperienza pratica del celibato tra i sacerdoti.

Il celibato sacerdotale ha avuto periodi storici di particolare controversia, insieme a molti altri in cui è stato accettato pacificamente. Tra i primi, va citato il virulento attacco subito durante la rivoluzione francese, quando viene promulgata una costituzione civile del clero, che trasforma i sacerdoti in funzionari pubblici, obbligandoli a giurare la nuova costituzione e a contrarre matrimonio. Pur non altrettanto drastici, altri attacchi simili sono stati tentati in altri paesi, col proposito di imporre alla Chiesa il celibato facoltativo dei sacerdoti.

Il tema del celibato sacerdotale è stato trattato anche nel Concilio Vaticano II, nel decreto *Presbyterorum ordinis* (n. 16), che ha confermato la disciplina fino allora vigente. Nel 1967san Paolo VI ha pubblicato l'enciclica *Sacerdotalis caelibatus*, in cui confermava in pieno il valore del celibato sacerdotale, mettendo in evidenza le sue basi cristologiche e facendo appello alla tradizione storica. Questa è allo stesso modo la conclusione della *Pastores dabo vobis*, in cui san Giovanni Paolo II ha presentato il celibato come una esigenza di radicalismo evangelico. Anche Benedetto XVI ha sottolineato l'importanza della tradizione cattolica sul celibato sacerdotale, oltre all'esigenza di una solida formazione umana e cristiana, sia per i seminaristi che per i sacerdoti già ordinati.

L'attuale Codice di diritto canonico, pubblicato nel 1983, dà le seguenti esplicite indicazioni:

> *I chierici sono tenuti all'obbligo di osservare la continenza perfetta e perpetua per il regno dei cieli, perciò sono vincolati al celibato, che è un dono particolare di Dio mediante il quale i ministri sacri possono aderire più facilmente a Cristo con cuore indiviso e sono messi in grado di dedicarsi più liberamente al servizio di Dio e degli uomini* (Canone 277.1).

Allo stesso modo, il Catechismo della Chiesa cattolica, pubblicato nel 1992, conferma la medesima dottrina:

> *Tutti i ministri ordinati della Chiesa latina, ad eccezione dei diaconi permanenti, sono normalmente scelti fra gli uomini credenti che vivono da celibi e che intendono conservare il celibato per il regno dei cieli* (n. 1579).

L'eccezione a questa regola nella Chiesa latina sarebbero alcuni ministri protestanti sposati che si sono convertiti al cattolicesimo, i quali possono essere dispensati da questo requisito, se si permette loro di ricevere l'ordinazione sacerdotale.

Nelle chiese orientali si è seguita una disciplina diversa, in parte conseguenza delle controversie che precedettero e seguirono la rottura con Roma nel 1054. In sostanza, il concilio di Trullo (691), molti secoli prima dello scisma, incluse alcuni canoni che facevano riferimento alle condizioni del chierico sposato: non poteva farlo in seconde nozze, non poteva sposarsi con una vedova e la vedova di un chierico non si poteva risposare. In questo concilio restò confermato anche che un chierico celibe non poteva sposarsi, e che i vescovi dovevano essere celibi o praticare l'astinenza coniugale se erano sposati (in questo caso, spesso la moglie andava a vivere in un convento). Il punto più delicato della questione del celibato, che alla fine fece sì che il concilio non fosse convalidato dal Papa, fu l'accettazione che il presbitero sposato poteva continuare a coabitare maritalmente con sua moglie, salvo una continenza periodica legata alla celebrazione dei sacri misteri (per cui, ad esempio, non poteva celebrare la messa ogni giorno).

Con piccole varianti, questa è la pratica che si è mantenuta fino a oggi nelle chiese orientali separate dalla Chiesa cattolica: si possono ordinare persone sposate, ma i celibi ordinati non si possono sposare e i sacerdoti sposati, se diventano vedovi, non possono risposarsi. Inoltre, i vescovi sono scelti solo tra i celibi. In generale, i celibi che erano ordinati sacerdoti, vivevano in comunità monastiche; ed ecco perché la maggior parte dei vescovi ortodossi prima erano dei monaci.

Questa stessa tradizione si è conservata per alcune chiese cattoliche di rito orientale, tanto quelle che non si sono separate dall'autorità del Papa come quelle che sono tornate a unirsi con Roma tra i secoli XVI e XIX. Le più conosciute sono la chiesa maronita del Libano, i caldei dell'Iraq, i greco-cattolici dell'Ucraina e una parte della chiesa armena. Per queste comunità cattoliche è ammessa l'ordinazione di uomini sposati, ma i vescovi vengono consacrati soltanto tra i celibi. In ogni caso, in queste chiese la tendenza è che la maggior parte dei sacerdoti siano celibi. Fra gli altri motivi c'è che, se è sempre valido associare la continenza periodica alla celebrazione dei riti sacri, potrebbero officiare la messa quotidiana soltanto le persone celibi o quelli che vivessero la continenza assoluta nel matrimonio.

Riassumendo, la pratica del celibato sacerdotale nella Chiesa cattolica ha origine nel primo secolo del cristianesimo. È associata soprattutto al carattere sacro dell'ufficio che svolgono i sacerdoti e al fatto che la Chiesa li considera l'immagine visibile dello stesso Cristo. In questo senso, si può dire che, sebbene nei primi tempi della Chiesa vi fossero delle persone sposate che ricevevano l'ordine sacerdotale, fin dal primo momento i sacerdoti celibi non si sposavano. Questo è ancora valido nelle chiese orientali, sia cattoliche che ortodosse, dove è ancora possibile che alcune persone sposate ricevano il sacerdozio, ma non che i sacerdoti possano sposarsi.

Questo legame tra celibato e ordinazione sacerdotale nella Chiesa cattolica latina è sicuramente il principale motivo di disputa sul celibato nella società occidentale. I detrattori della obbligatorietà del celibato sacerdotale basano la loro posizione su una serie di problemi che, secondo loro, sono dovuti all'assenza dei vincoli coniugali: anaffettività, sviluppo della personalità, repressione anti-naturale della tendenza sessuale, pessima comprensione della vocazione matrimoniale, ecc. In questo ambito, qualunque scandalo sui comportamenti sessuali in alcuni casi aberranti, anche se molto rari, di alcune persone che vivono pubblicamente questa scelta di vita – come è il caso dei sacerdoti e dei religiosi cattolici -, tende a confermare una teoria che attribuisce al celibato la principale responsabilità di tali comportamenti, come se fossero completamente assenti nelle persone sposate o in quelle che non hanno nessun impegno spirituale. Questo sciagurato argomento è sempre molto presente nei mezzi di comunicazione, e ha dato indubbiamente vita al più grande scandalo che ha riguardato la Chiesa cattolica negli ultimi secoli, con grave danno della sua immagine come istituzione, oltre che di quella delle migliaia di sacerdoti che vivono la loro vocazione in modo irreprensibile e sacrificandosi, e sui quali sembra ora ricadere una certa ombra di sospetto. Dato che il tema principale di questo libro non è il celibato sacerdotale ma quello dei laici, mi è sembrato che trattare questo argomento con i dettagli che meriterebbe ci potrebbe distrarre dal filo conduttore del libro. Per questo motivo, ho ritenuto preferibile includere la questione nell'allegato, dove espongo alcune idee con l'intento di favorire un giudizio più obiettivo su un argomento così serio.

1.4 Il celibato dei religiosi

Tempo fa un mio amico sacerdote, che vive in una residenza con altri celibi, sacerdoti e laici, mi diceva che il portiere dell'edificio gli aveva fatto vedere un pacchetto postale, domandandogli:

– *Lei sa se questo pacchetto è per i religiosi del decimo piano?*

Il mio amico gli disse:

– *Guardi che noi non siamo religiosi!*

Ma il portiere replicò:

– *Caspita, se non siete religiosi voi...!*

Nel linguaggio comune la parola religioso indica semplicemente che una persona è credente e inoltre pratica la propria religione; e con ciò chiunque, per esempio, assiste alla messa con regolarità sarebbe religioso, senza dire se oltretutto è sacerdote. Se invece vogliamo parlare con una certa precisione canonica e teologica, la parola religioso ha un significato più specifico: è religioso/a quella persona che ha ricevuto una consacrazione pubblica a Dio, abitualmente emettendo dei voti (promesse) che la impegna specialmente nelle tre virtù che, tradizionalmente, si chiamano consigli evangelici: povertà, castità e obbedienza.

I diversi carismi di vita consacrata sono organizzati intorno ai cosiddetti ordini o congregazioni religiose. Assai spesso lo stato religioso comporta che l'uomo o la donna che lo abbraccia viva in un convento o in un monastero con altri membri della comunità, dediti esclusivamente alla preghiera, al lavoro e al culto divino, o svolgendo un'attività assistenziale. All'inizio del cristianesimo furono molto importanti anche gli eremiti, che vivevano in solitudine alla ricerca di una perfezione spirituale in luoghi deserti.

In questo senso tecnico, il celibato religioso ha radici storiche molto profonde, perché fin dal IV sec. del cristianesimo abbiamo notizia di persone che decidevano di allontanarsi dal mondo per condurre una vita di maggiore perfezione spirituale. Dopo l'editto di Milano del 313 cresce il numero di quelli che cercano la santità al di fuori del mondo, forse anche come conseguenza di una maggiore attenuazione dell'impegno cristiano legato alla fine delle persecuzioni. Il primo eremita riconosciuto dalla Chiesa cattolica e da quella ortodossa è san Paolo de Tebe, agli inizi del IV sec., che apre la tradizione detta dei «Padri del deserto» (sant'Antonio abate, san Pafnuzio, san Macario, san Pacomio, ecc.). Abbiamo anche parecchi esempi di donne che condussero una vita eremitica, con grandi ripercussioni sul cristianesimo del loro tempo, come è il caso di santa Maria Egiziaca o delle cosiddette «Madri del deserto»; tra le più conosciute, Sincletica, Mara, Cirina e Domnina.

Per favorire la loro attenzione fisica e spirituale, gli eremiti cominciarono ben presto a vivere in comunità, anche se rimaneva valida la tradizione di ritirarsi in luoghi appartati. Da qui nascono le parole monacato («colui che vive solo») e monastero. Un monastero è un luogo dove vivono i monaci in comunità, abitualmente fuori dai nuclei abitati, in contrasto con un convento, che identifica un luogo dove vive una congregazione religiosa, generalmente nelle città. L'impulso alla vita religiosa comunitaria si andò consolidando durante il IV sec., soprattutto per merito di sant'Antonio abate, considerato il fondatore della vita monastica. Altri santi di rilievo che fondarono comunità monastiche in questi primi secoli del cristianesimo sono san Girolamo, san Pacomio, sant'Onofrio, san Basilio e sant'Atanasio, in oriente, e san Benedetto, sant'Agostino e san Columba, in occidente. Nell'ambito dei monasteri femminili, si mettono in evidenza santa Macrina, sorella di san Basilio e di san Gregorio di Nissa, che fondò un monastero nei pressi del Mar Nero; santa Maria di Tebe, badessa di un convento fondato dal fratello san Pacomio, e santa Paola, che aiutò san Girolamo nella fondazione di un convento a Betlemme. In Occidente, sono famosi anche i monasteri femminili fondati da sant'Ambrogio (aiutato da sua sorella

Marcellina) e da sant'Agostino. Anche se i monasteri sono stati la sede più frequente della vita religiosa, la tradizione eremitica è rimasta viva fino ai nostri giorni, come testimonia, per esempio, la vita del beato Charles de Foucauld, che morì nel deserto in Algeria all'inizio del XX sec.

Nel Medioevo la vita religiosa si consolidò in comunità monastiche, abitualmente di clausura, che non avevano praticamente alcun contatto con il mondo esterno. Le più conosciute sono quelle dei benedettini, dei cistercensi e dei cluniacensi. Più tardi sorsero altri ordini religiosi che hanno un'attività esterna al convento. I più conosciuti sono i francescani e i domenicani, che apparvero nel XIII sec.

Col passare dei secoli sono man mano sorte altre istituzioni religiose, sia di uomini che di donne, fondate sui più diversi carismi. Quelle che perseguono l'obiettivo di attività assistenziali, soprattutto educative e sanitarie, di solito svolgono la loro attività fuori dal convento. Le prime istituzioni con questo orientamento furono molto contestate, soprattutto quelle femminili, perché allora non si ammettevano nella Chiesa conventi che non fossero di clausura. È di un certo interesse ricordare anche il fenomeno delle beghine, che fiorì soprattutto nel nord Europa tra il XII e il XVI secolo. Erano donne laiche che vivevano una vita semi-conventuale, dedicata in buona parte al servizio degli altri e non avevano né voti permanenti né una regola conventuale comune. È il caso di citare anche l'opera educativa della venerabile Mary Ward , che nel XVII sec. fondò la congregazione Istituto della Beata Vergine Maria (IBVM), conosciuta anche come Madri Irlandesi o religiose di Loreto. Questa istituzione ha creato numerose scuole in diversi paesi europei. Ha avuto seri contrasti con gli ecclesiastici del suo tempo perché voleva fondare un istituto femminile senza clausura, seguendo il modello delle costituzioni gesuitiche. L'istituto fu successivamente soppresso da Urbano VIII e Mary Ward indagata dall'Inquisizione, anche se le udienze da lei avute con il Papa le permisero di dimostrare la sua ortodossia. Finalmente l'istituzione fu approvata pienamente alla fine del XIX sec. e attualmente ha case in 24 paesi del mondo.

Nel calendario liturgico cattolico abbiamo molti esempi di religiosi che hanno vissuto una vita di alto livello spirituale, con molti e diversi carismi, ma tutti quanti con virtù eccelse. Oltre alcuni Padri della Chiesa fra i più noti, come san Girolamo, san Basilio o sant'Agostino, erano religiosi molti altri santi di grande importanza nella storia del cattolicesimo, come san Beda, santa Scolastica, santa Ildegarda e sant'Anselmo (benedettini); santa Teresa di Gesù, san Giovanni della Croce, santa Teresa de Lisieux e santa Edith Stein (carmelitani); sant'Alberto Magno, san Tommaso d'Aquino, san Domenico e santa Rosa da Lima (domenicani); san Francesco, santa Chiara, san Diego e san Massimiliano Kolbe (francescani); sant'Ignazio, san Francesco Saverio e san Pietro Claver (gesuiti).

La maggior parte di questi santi sono entrati nella vita religiosa in gioventù e sono vissuti verginalmente sino alla fine dei loro giorni, anche se abbiamo anche esempi di coloro che si sono vincolati a un ordine religioso dopo essere rimasti vedovi o, a volte, dopo aver condotto una vita licenziosa, ma tutti hanno praticato il celibato dal momento della loro conversione. Questo è il caso, per esempio, di sant'Agostino, ben noto per la sua auto-biografia (*Le confessioni*); santa Pelagia, che finì i suoi giorni da penitente, facendosi passare per monaco; santa Maria Egiziaca, una delle prime anacorete in Terra Santa; santa Brigida, co-patrona d'Europa, sposa e madre di otto figli, che alla morte del marito fondò un ordine religioso e svolse un ruolo notevole nel far tornare i Papi da Avignone a Roma.

In ogni caso, bisogna dire che il celibato si è associato alla vita religiosa sin dall'inizio, dato che lo si considerava indispensabile per la ricerca di una maggiore perfezione spirituale, che era la ragione ultima dell'abbandono del mondo da parte loro. Come nel caso dei sacerdoti, si evidenzia, dunque, un collegamento tra celibato e impegno spirituale, molto preciso fin dai primi tempi del cristianesimo.

1.5 Le vergini consacrate

È difficile classificare il fenomeno delle vergini consacrate, che ebbe un certo rilievo nei primi tempi del cristianesimo, ma che in seguito ebbe una lunga pausa fino al recente ripristino in seguito al Vaticano II. Questo rinnovato interesse ha permesso anche di arricchire gli studi storici su questa tradizione (Moschetti, 2007; Calabuig e Barbieri, 1987).

Dagli scritti patristici si deduce che la verginità, nella vita della Chiesa, andò acquistando rilievo un po' per volta, dato che nei primi secoli era considerata, per importanza, inferiore solo al martirio. Proprio man mano che le persecuzioni diminuiscono e la figura del martire non è più attuale, il vergine, e soprattutto la vergine, diventa il modello più rappresentativo della santità ecclesiale (Calabuig e Barbieri, 1987). Fino agli inizi del III sec. la vocazione al celibato spirituale tra le donne veniva fatta come cristiane normali, e solo successivamente, nel IV sec., ha avuto inizio una consacrazione pubblica mediante la quale entravano a far parte dell'«ordine delle vergini» (*ordo virginum*). In questi casi, erano solite dedicarsi al culto divino e nella comunità avevano un compito di edificazione e di esempio. Portavano un distintivo esteriore, occupavano un posto speciale nelle celebrazioni liturgiche e conducevano una vita raccolta nelle loro case. Numerosi Padri della Chiesa, come san Basilio, san Gregorio Nazianzeno, san Giovanni Crisostomo e sant'Ambrogio hanno dedicato alle vergini consacrate diversi scritti, che più avanti commenteremo più in dettaglio (cap. 2.2).

La consacrazione delle vergini si faceva durante una cerimonia pubblica, dal carattere solenne e presieduta dal vescovo, alla quale partecipava in gran numero il popolo di fedeli e alcune vergini già consacrate (per maggiori dettagli, vedere Calabuig e Barbieri, 1987). A queste cerimonie si riferiva Pio XII nella costituzione apostolica *Sponsa Christi*, in cui identificava le radici di questa tradizione esistente nella Chiesa:

> *Questa mistica consacrazione delle Vergini a Cristo e questa dedizione alla Chiesa, nei primi secoli del cristianesimo s'andava svolgendo spontaneamente, e più ancora nei fatti che nelle parole. Quando poi le vergini formarono non solo una classe, ma uno stato ben definito e un ordine riconosciuto dalla Chiesa, la professione della verginità cominciò a emettersi pubblicamente, e ad essere sempre più rafforzata da un vincolo ancora più stretto. In seguito la Chiesa, quando accettava il santo voto o proposito di verginità, consacrava la Vergine come persona unita inviolabilmente a Dio e alla Chiesa con un rito così solenne* (Pio XII, 1950, n. 2).

Questa tradizione si è man mano perduta nel corso dei secoli, tra il VI e il IX, quando la maggior parte delle vergini cominciarono a formare delle comunità religiose. Così è stato fino al concilio Vaticano II che auspicò che si ricuperasse la tradizione della consacrazione delle vergini dei primi secoli della Chiesa. Frutto di questo desiderio è stata la promulgazione, nel 1970, di un nuovo rito per la consacrazione delle vergini, orientato soprattutto a donne secolari, benché si potrebbe utilizzare anche per alcune monache.

1.6 Il celibato dei laici

1.6.1 Il panorama storico

Abbiamo commentato altre forme di celibato esistenti nella Chiesa cattolica per inquadrare quello che è l'argomento centrale di questo libro e mostrare le differenze teologiche del celibato laicale rispetto a quelli già menzionati. La principale è che si tratta di un impegno liberamente assunto, che non comporta un cambiamento teologico di stato in chi lo abbraccia (né voti, né consacrazione pubblica), in quanto il celibe continua a essere un fedele laico che vive in mezzo al mondo. In altre parole:

> *...il dono del celibato apostolico non trasforma un laico in un fedele di vita consacrata. Esiste un celibato apostolico che è al servizio della vocazione e della missione propria dei laici e un celibato consacrato al servizio della missione propria della vita consacrata* (López-Díaz, 2014, 413).

Tra i primi cristiani questo tipo di impegno non era raro. Sappiamo da fonti diverse che molti laici abbracciarono il celibato come cammino di perfezione spirituale alla sequela di Cristo, pur rimanendo inseriti nelle loro attività quotidiane, senza per questo abbandonare il mondo. Due citazioni appaiono particolarmente importanti a conferma di questa affermazione. Da una parte, la testimonianza di san Giustino, che già a metà del II secolo accennava all'esistenza di una tradizione alla vita celibe nella Chiesa primitiva:

> *Molti uomini e donne, ormai settuagenari, che sono cristiani dalla gioventù, si conservano vergini; e mi impegno a dimostrare che ciò avviene fra ogni tipo di persone* (San Giustino, 165, cap. 15, vv. 6-7).

Il secondo riferimento, dello stesso periodo, proviene da Atenagora, un filosofo ateniese convertito al cristianesimo, che conferma l'esistenza di questa tradizione di celibato spirituale tra i laici:

> *Puoi trovare molti dei nostri, sia uomini che donne, i quali invecchiano continenti nella certezza di unirsi più intimamente a Dio... Infatti la nostra caratteristica non consiste nel parlare, ma nel testimoniare e convincere mediante le opere* (Atenagora, 176-180, XXXIII, PG 6, 965 A).

Le due testimonianze sono soltanto di pochi decenni successive alla predicazione degli apostoli, per cui si può affermare tranquillamente che erano molto presenti nelle prime comunità cristiane. Infatti, alcune delle martiri che citiamo nel canone romano della messa, come è il caso di Cecilia e Anastasia, erano vergini laiche.

Questi uomini e queste donne vergini dei primi secoli del cristianesimo di solito vivevano con le loro famiglie o da soli, sebbene alcuni formassero delle comunità, che però non potevano dirsi conventuali, perché continuavano a dedicarsi alle loro attività quotidiane. In un testo del II sec. (lo pseudo-Clemente) si parla dell'esistenza di alcuni celibi che vivevano da soli in case urbane e vi si dice che i ministri della Chiesa e gli evangelizzatori itineranti dovevano pernottare «...nella casa di un asceta se esiste in quella località» e, nel caso che non ci sia «...un fratello dedito esclusivamente a Dio, alloggeranno in casa di una coppia di coniugi o in una famiglia di cristiani» (citato da Guerra Gómez, 2002b, 247).

Come abbiamo detto, i documenti sull'evoluzione successiva della tradizione cristiana, ci informano che la dedicazione al celibato si faceva soprattutto attraverso la vita religiosa o sacerdotale. A partire dal VI sec. sono pochi i riferimenti ai laici che decidevano di dedicarsi completamente a Dio in una vita di continenza senza allontanarsi dal mondo o senza ordinarsi sacerdoti. Un caso particolare sarebbe quello di alcuni ordini militari, a mezza strada fra l'attività civile e la vita religiosa, che richiedevano il celibato ai loro membri, che però non vivevano nei monasteri né rinunciavano all'esercizio della loro professione. I più conosciuti sono i cavalieri templari, i cavalieri del santo Sepolcro e l'ordine di Malta. I primi due svolsero una intensa attività durante le Crociate, ma andarono perdendo influenza a partire dal XIII sec. Infatti, i templari furono soppressi da Papa Clemente V agli inizi del XIV sec.

Altri laici singoli che praticarono il celibato spirituale sono santa Kateri Tekakwitha, la prima santa nata negli Stati Uniti, figlia di un capo mohawk e di una india algonchina cristiana, che fu battezzata a venti anni e decise di consacrare a Gesù la sua verginità.

Più vicina a noi è la figura di Jorge Juan, un affascinante personaggio spagnolo del XVIII sec. Dopo aver studiato alla Scuola Navale di Cadice, partecipò alla spedizione organizzata dalla Accademia delle Scienze di Parigi per misurare il meridiano terrestre in Ecuador, scoprendo in tal modo l'appiattimento della Terra. Fece numerosi viaggi in America per constatare lo stato delle guarnigioni navali spagnole, e inoltre svolse un ruolo chiave nel rinnovamento della marina spagnola. Creò e diresse il Reale Osservatorio di Madrid e fu a capo della squadra dell'Armata Reale. Unì tutta questa attività pubblica – anche servendo come spia in Inghilterra agli ordini del Marchese di Ensenada – a un profondo senso religioso, attivamente vincolato all'ordine dei Cavalieri di Malta, dei quali arrivò ad essere Commendatore in Aragona. Questo vincolo comportava il celibato permanente.

Nella confessione anglicana occupa un posto di rilievo, come esempio di celibato laico, anche Florence Nightingale, infermiera, scrittrice e statistica britannica, che nel XIX sec. ha sviluppato un nuovo concetto di infermeria che ha dato luogo all'attuale sistema assistenziale. Florence scelse di vivere nubile per potersi dedicare pienamente al settore infermieristico in risposta a quello che interpretò come una chiamata di Dio a questo compito. Dopo un'esperienza acquisita durante la guerra di Crimea, fondò una scuola per infermiere e si dedicò a migliorare le condizioni igieniche degli ospedali britannici. Scrisse diverse opere ed esercitò una straordinaria influenza nella società vittoriana. Nel 1907 le fu concesso l'Ordine al Merito del Regno Unito e fu la prima donna a ricevere questa onorificenza.

1.6.2 I celibi laici nel XXI secolo

Negli ultimi decenni il celibato dei laici cattolici ha acquisito un maggiore protagonismo in parallelo a una migliore comprensione della vocazione laicale nella Chiesa e alla nascita di nuove istituzioni che manifestano esplicitamente questa valutazione. Il concilio Vaticano II ha dato un impulso teologico molto rilevante a questi carismi, tanto per ciò che si riferisce al rinnovamento ecclesiologico che ha portato con sé, quanto, soprattutto, per ciò che si riferisce alla riflessione sui laici e la vocazione universale alla santità (Lumen Gentium, nn. 30 ss) e l'azione apostolica dei laici (*Apostolicam actuositatem*).

I successivi testi del magistero della Chiesa hanno sviluppato queste idee del Concilio, principalmente attraverso il sinodo dei vescovi del 1987, che ha dato luogo all'esortazione apostolica *Christifideles laici* di san Giovanni Paolo II. Precursori di questa nuova valorizzazione dei laici nella vita della Chiesa sono stati alcuni teologi del XIX sec., come il cardinale John H. Newman o Johann Adam Möhler e i fondatori di istituzioni o di movimenti cattolici precedenti al Vaticano II, che hanno sottolineato la rilevante importanza della vocazione dei laici in mezzo al mondo, come è il caso di san Josemaría Escrivá (Opus Dei), Chiara Lubich (Focolari) o Joseph Kentenich (Movimento di Schönstatt). Negli anni del Concilio e in quelli successivi sono state fondate nella Chiesa altre istituzioni che hanno un orientamento soprattutto laicale, come è il caso – oltre a quelli già citati – di Comunione e Liberazione, Rinnovamento Carismatico Cattolico o Cammino Neocatecumenale. Tutti quanti prevedono l'adesione di laici che si dedicano con assoluta esclusività alle attività di direzione, formazione e apostolato, di solito praticando il celibato, benché in alcune di queste istituzioni i laici celibi hanno una consacrazione religiosa privata. Questo li fa stare come a metà strada fra lo stato laicale e quello religioso. Nel caso di altre istituzioni, come la Prelatura dell'Opus Dei, i laici celibi non vanno incontro a nessun tipo di consacrazione religiosa, in quanto il loro impegno vocazionale ha uno stretto carattere secolare e laicale.

1.7 Il celibato in altre confessioni cristiane

Come dicevamo prima, anche le Chiese orientali separate da Roma apprezzano il celibato spirituale, sia per i religiosi che per i sacerdoti. Come accade anche nelle chiese cattoliche di rito orientale, dove è ammessa anche l'ordinazione di persone sposate, i sacerdoti celibi non possono sposarsi e l'episcopato è riservato a chi è celibe. Nelle chiese ortodosse i monaci e le monache non sono sposati, seguendo abitualmente la regola di san Basilio. Ed ecco perché buona parte della gerarchia ortodossa, vescovi e patriarchi, proviene dalla vita religiosa.

Per quanto riguarda le comunità protestanti, il celibato sacerdotale è stato duramente criticato da Lutero nel quadro della sua concezione teologica sulla grazia e i sacramenti, e in particolare sull'ordine sacerdotale. Egli stesso si è sposato nel 1525 con Caterina Bora, una ex monaca, con la quale ha avuto sei figli. Altri capi protestanti, come Calvino, pensavano che il celibato fosse contrario alla Sacra Scrittura e che sottovalutava la santità del matrimonio e il mandato di Dio di procreare e dominare la Terra. Anche l'abolizione della maggior parte degli ordini religiosi nei territori che finirono sotto l'influenza protestante contribuì a far cadere nell'oblio la pratica del celibato.

Nella Comunità anglicana il celibato sacerdotale è facoltativo ed esistono anche alcuni monasteri che ricordano quelli analoghi cattolici (cistercensi, domenicani...). Precursore di queste istituzioni è stato John H. Newman che, prima di entrare nella Chiesa cattolica, fondò una comunità conventuale a Littlemore, nei pressi di Oxford, nel tentativo di trovare una via di mezzo tra gli anglicani evangelici e i cattolici romani.

Oggi esistono alcuni monasteri protestanti che seguono in genere le regole religiose della Chiesa cattolica, come è il caso del monastero di Östanbäck in Svezia, il priorato di San Wigbert in Germania e St. Augustine's House a Oxford; tutti questi sono ecumenici, con monaci luterani, anglicani e cattolici, che seguono la regola di san Benedetto. Esistono anche alcuni monasteri di monache con un indirizzo simile (Communität Casteller Ring, Daughters of Mary e Evangelical Sisterhood of Mary).

1.8 In altre religioni

Il celibato per motivi religiosi non è un patrimonio esclusivo del cristianesimo. Benché i motivi teologici di fondo siano molto diversi da quelli cristiani, il celibato orientato a cercare una certa eccellenza spirituale è presente in molte altre tradizioni religiose, e questo dimostra, a mio modo di vedere, il suo valore universale come fonte di arricchimento interiore, contribuendo in qualche modo a dare risposta ad alcune critiche che negli ultimi secoli sono state fatte nella società occidentale al celibato cattolico. In questa ottica si può ricordare che in tutte le religioni c'è qualche traccia della verità e della bontà di Dio. Come afferma il Concilio Vaticano II:

> *La Chiesa cattolica nulla rigetta di quanto è vero e santo in queste religioni. Essa considera con sincero rispetto quei modi di agire e di vivere, quei precetti e quelle dottrine che, quantunque in molti punti differiscano da quanto essa stessa crede e propone, tuttavia non raramente riflettono un raggio di quella Verità che illumina tutti gli uomini* (*Nostra aetate*, 1965, n. 2).

In tal senso, la ricerca di una maggiore purezza spirituale ha in comune l'apprezzamento del celibato di tante tradizioni religiose dell'umanità, sia tra le persone che vivono questa forma di vita, sia nella società che le accoglie, per cui tra i celibi vi sono di solito le persone considerate di maggior saggezza spirituale (guru, maestri, guide...).

Uno degli esempi più chiari dell'alto apprezzamento che si dava al celibato nelle religioni pre-cristiane è l'istituzione delle vestali, di grande rilievo nella Roma classica (Braun, 2008). Sei vergini, generalmente scelte nella nobiltà romana, si consacravano per trent'anni a mantenere acceso il sacro fuoco di Vesta, che assicurava il favore degli dei sulla città. Durante questo periodo la continenza sessuale era un requisito fondamentale e la sua infrazione era considerata un delitto gravissimo. Infatti, se una vestale veniva trovata colpevole di violare questa promessa, veniva sepolta viva nel *campus sceleratus* e il suo amante veniva frustato in una seduta pubblica fino alla morte. L'iniziazione delle vestali avveniva tra gli 8 e i 10 anni e il loro servizio consisteva in tre periodi di dieci anni: iniziazione, pratica e addestramento di altre vestali. A Roma riscuotevano una grande considerazione sociale, assai superiore a quella delle donne del loro tempo. Per esempio, potevano testimoniare in giudizio senza giurare, avere proprietà, veniva loro ceduto il passo in qualunque via pubblica, potevano liberare schiavi e condannati a morte solo toccandoli e occupavano un posto di particolare rilievo negli atti pubblici. Sebbene potessero sposarsi al termine del loro periodo di servizio, abitualmente non lo facevano perché così conservavano una grande reputazione sociale.

Istituzioni similari, nelle quali la verginità era considerata associata a una mansione eccelsa compaiono in altre culture assai diverse. Per esempio, nell'impero inca, le *Acllas* erano vergini dedite a mantenere il fuoco sacro, anche se inoltre svolgevano altre funzioni rituali o potevano servire come compagne dell'imperatore. Spesso, alla fine del loro servizio, venivano sacrificate agli dei inca. Nella società babilonese abbiamo testimonianze di vergini chiamate *Naditu*, che abitavano in edifici comunitari e svolgevano funzioni amministrative ed economiche nell'impero.

A parte queste testimonianze storiche, il maggior numero degli esempi di celibato spirituale che oggi abbiamo, provengono dalle religioni orientali (induismo, giainismo, buddismo), dove ancora oggi è abbastanza diffuso. In queste religioni la continenza sessuale è strettamente associata alla purezza spirituale e a una migliore comprensione dei misteri divini. Nel suo libro sul celibato sacerdotale, Möhler ricorda una leggenda indù molto significativa:

> *Birmah creò Brahman, il sacerdote, e poi i tre patriarchi delle altre tre caste, ognuno con le sue mogli; solo a Brahman non ne fu assegnato nessuna. Egli si lamentò di essere l'unico senza moglie. Birmah gli rispose che egli non doveva dissipare energie, ma consacrarsi interamente alla dottrina, alla preghiera e al culto di Dio. Vista la sua insistenza, Birmah gli diede una daintany, una donna demoniaca, dalla cui unione nacquero le brahmine* (Möhler, 2012).

Möhler interpreta questo passo come un riconoscimento della prossimità tra celibato e dedicazione sacra, perché la risposta degli dei alla intimazione di Birmah è concedergli una donna anomala, dato che il matrimonio non sarebbe naturale per lo stato sacro.

I libri di Abbot (2000) e Olson (2008) contengono numerosi riferimenti a celibi di diverse religioni orientali. Nell'induismo, per esempio, si distinguono quattro stadi nella perfezione spirituale: *brahmacharya* o studente, *grihastha* o proprietario, *vanaprastha* o abitante del bosco, e *sannyasi* o mendicante religioso. Il primo comporta l'iniziazione religiosa per l'apprendimento dei libri sacri, e la compiono i bambini tra i 9 e i 12 anni con la supervisione di un maestro spirituale (guru). Questo stadio può durare diversi decenni e richiede l'astinenza da rapporti sessuali. Il *grihastha* è lo stadio più abituale, che comporta il matrimonio e l'allevamento dei figli. Il *vanaprastha* è uno stadio proprio di quelli che vivono ritirati dal mondo, in meditazione e pratiche ascetiche, e inoltre occorre adottare una vita da celibe. Infine, i *sannyasi* sono quelli che hanno raggiunto la perfezione spirituale, e questo comporta una totale indifferenza ai piaceri e alla superbia del mondo. Abitualmente vivono di elemosina, non possiedono nulla, non hanno obblighi né aspettative, e conducono una vita da celibi. Alcuni vivono in comunità, chiamate *ashrams*. Anche alcune donne raggiungono questo stadio e vengono chiamate *sahdvis* o *sannyasinis*.

Il giainismo è un'altra religione orientale, che condivide con l'induismo molti elementi; anche essa è diffusa soprattutto in India, dove vivono la maggior parte dei suoi cinque milioni di praticanti. Più antica del buddismo, condivide diversi principi con esso e con l'induismo. Anche quello di tentare di infrangere il ciclo di ri-nascite che in entrambe le religioni avvengono fino al raggiungimento della piena perfezione spirituale (*moksa* o *nirvana*). Esagerano l'importanza del celibato come un mezzo per ottenere la perfezione, rinunciando ai piaceri e ai desideri mondani, alla lussuria e al possesso, in modo particolare nel caso delle monache (Dundas, 2008). Uno dei loro principi più conosciuti è la stretta non violenza a qualunque essere vivente, che li induce, per esempio, a indossare maschere orali (*muhpatti*) per evitare di ingoiare inavvertitamente un insetto, e sono strettamente vegetariani. Il celibato fa parte di questa tendenza, perché nell'unione sessuale muoiono molti micro-organismi. Lo esercitano anche come parte della loro intenzione di rinunciare ai piaceri sensibili.

Il buddismo può contare su una lunga tradizione monastica. I monasteri sorgono in luoghi solitari, e in essi si pratica una disciplina alquanto rigorosa, che ha il fine ultimo di ottenere la perfezione spirituale. Esistono monasteri di uomini o di donne. Dopo un periodo di prova, devono professare una serie di voti o impegni (200 norme per gli uomini e 300 per le donne), molti dei quali riguardano la continenza sessuale. In caso di trasgressione, sono espulsi dal monastero, cosa che comporta un'onta quasi equivalente alla morte. La vita dei monaci buddisti si basa sulla meditazione, lo studio, la recita e il canto delle loro scritture.

Per ciò che riguarda le altre grandi religioni monoteiste, sia il giudaismo che l'islamismo considerano il celibato come contrario al mandato divino della procreazione e un disprezzo del matrimonio. Nella tradizione ebraica la vita di un celibe viene considerata una sventura e viene assolutamente sconsigliata come pratica ascetica. Per esempio, in uno degli scritti della tradizione rabbinica si può leggere:

> *Colui che non ha una moglie è senza gioia, senza benedizioni, senza felicità, senza apprendistato, senza protezione, senza pace; non solo, ma non è un uomo, perché sta scritto (Gn 5, 2) "maschio e femmina li creò"* (Yeb. 62b, 63a; Shulhan 'Aruk: citato da Enciclopedia Hebrea).

Eppure, come abbiamo visto, c'è anche qualche personaggio biblico che opta per una vita da celibe (Geremia, forse anche Elia ed Eliseo) e sappiamo di alcune comunità ebraiche, quasi contemporanee di Gesù, che sceglievano questa forma di vita. È il caso degli esseni o delle comunità che risiedevano a Qumran (Diamond, 2008). E anche quello di san Giovanni Battista.

D'altra parte, secondo la Mishnah (composta intorno all'anno 200 d.C.), l'attività sessuale fa contrarre tanta impurità che impedisce di recitare o studiare la Torah. Questo sembra avere radici più antiche, come testimonia una tradizione anonima del Talmud babilonese. Alcuni rabbini considerano la Torah come una «altra donna», ed ecco perché alcuni preferiscono dedicarsi al suo studio anziché sposarsi. Una testimonianza significativa di questo atteggiamento è quella di Ben Azzai, un influente rabbino palestinese del III sec., che basò la sua scelta di vita su una dedicazione più intensa allo studio della Legge divina. Gli si attribuisce la seguente frase: «Il mio spirito anela la Torah. Lasciamo che siano altri ad adempire l'obbligo della procreazione» (Diamond, 2008).

Nel Corano si afferma che l'ascetismo estremo non è voluto da Dio, e si respinge in modo particolare il monacato cristiano, termine che alcuni traducono con celibato o con la scelta di allontanarsi dal mondo. In realtà, nell'Islam non esistono comunità monastiche. Nella Sura 57 si legge:

> *E poi abbiamo fatto sì che (altri) inviati Nostri seguissero i loro passi; e (trascorso un certo tempo) abbiamo fatto sì che li seguisse Gesù, figlio di Maria, al quale abbiamo dato il Vangelo; e abbiamo posto nei cuori di quelli che (realmente) lo seguivano compassione e misericordia. In quanto al monacato, non glielo abbiamo ordinato Noi: lo hanno inventato loro cercando il beneplacito di Dio. Ma non (sempre) lo hanno osservato come dovevano: ricompensiamo, allora, quelli che (realmente) erano arrivati a credere, ma molti diventarono perversi* (Corano, Sura 57, 27).

Anche alcuni *hadiths* del profeta Maometto disapprovavano esplicitamente la continenza sessuale come mezzo per ottenere una maggiore perfezione spirituale (che verrebbe data soltanto dalla preghiera e dal digiuno). La stessa vita del Profeta lo indica chiaramente, dato che ha avuto undici mogli, anche se appare significativo che la sua figlia più influente, Fatima, venga considerata vergine, malgrado sia stata sposata con un cugino di Maometto, Alì, e abbia avuto parecchi figli.

Di conseguenza, tra i musulmani il celibato è una pratica molto rara. Si possono segnalare come eccezione alcuni *sufi*, il ramo più spiritualista dell'islam, che considerano la continenza periodica, o anche quella permanente, come una scelta personale per il loro arricchimento spirituale. È significativo che questo accada non solo con gli uomini, ma soprattutto con le donne, e in questo caso, a parte la perfezione spirituale, conviene anche ricordare che questo comportava una sorta di liberazione sociale dalla tutela dell'uomo. Inoltre da questa tendenza generale del sufismo si distingue un gruppo di *sufi* più radicali, i quali, a partire dal XII sec., considerano il celibato come parte di un ~~modo~~ di vivere più vicino agli ideali di spiritualità e povertà che era stato abbandonato dalle correnti *sufi* più istituzionalizzate. In questo caso il celibato era considerato quasi una protesta sociale, che includeva anche altre pratiche di contrasto con la società di quel tempo (penitenze severe, abitare nei cimiteri, abbandonare i rituali convenzionali dell'Islam, ecc.). Questo movimento rimase in auge dal 1200 al 1500, ma appaiono tuttora gruppi analoghi nell'Islam di oggi (i *dervisci* nella Turchia attuale o i *bektashi* in Albania).

Infine, nel mondo islamico hanno una notevole importanza i celibi forzati (eunuchi), di solito schiavi provenienti dall'Africa o dall'oriente europeo, che in passato hanno occupato posti di grande rilievo nell'amministrazione di vari regni musulmani tra il 1200 e il 1600, e a partire dal XIII sec. anche come custodi di alcuni luoghi santi dell'Islam, soprattutto Medina e la Mecca, fino a ricoprire alcune funzioni religiose assai notevoli (Bashir, 2008).

1.9 Altre forme di celibato

Concludo questo ripasso delle diverse modalità di celibato facendo riferimento a motivazioni non religiose che spiegano perché una persona vive da scapolo. Forse potrei anche denominare questo paragrafo «celibi senza celibato» per indicare che il celibato io lo concepisco come una scelta di vita dettata da una finalità spirituale, distinguendolo da coloro che possono scegliere di vivere in solitudine per dedicarsi ad altre attività squisitamente umane (per esempio, assistenziali, educative...), anch'esse molto nobili, oppure da coloro che vivono da celibi semplicemente perché non hanno trovato una persona ritenuta idonea a formare una famiglia. In questi casi il celibato non è una scelta, e quindi non può essere paragonato a quella scelta di vita che è una risposta a una chiamata di Dio e a servizio degli altri.

È bene chiarire che in questi paragrafi non intendo in alcun modo disprezzare il modo di vivere di coloro che vivono da scapoli senza una motivazione religiosa Cerco solo di analizzare eventuali motivazioni per questa forma di vita e far notare le differenze rispetto al celibato spirituale di cui sto parlando in queste pagine.

Tra le persone che scelgono di rimanere celibi per potersi dedicare più intensamente alle più diverse attività possiamo includere quelle che centrano la loro vita sulla professione, dedicandole il meglio del proprio tempo e delle proprie energie. Questa dedizione più intensa alcune volte era socialmente obbligata, perché in certi periodi della storia non essere sposati era considerato quasi un requisito per conservare un posto di lavoro. Questo era molte volte il caso del servizio domestico, dove maggiordomi e governanti vivevano per tutta la vita con la famiglia che servivano. Un caso curioso è quello delle maestre di San Pietroburgo, che verso la fine del XIX secolo erano costrette a rimanere nubili per conservare il posto di lavoro, dato che non avendo famiglia potevano essere pagate meno e, non dovendo badare ai figli, era assicurata la continuità del loro lavoro docente. In questo caso si trattava in realtà di un nubilato socialmente imposto, al quale le maestre si piegavano per conservare un mezzo di sussistenza (Abbot, 2000).

Lasciando da parte questi casi, quello che possiamo chiamare celibato professionale comporta che si rimanga celibi per concentrarsi in pieno nelle attività professionali. Alcune occupazioni professionali sono sicuramente molto impegnative e richiedono una intensa dedicazione in termini di orario e di iniziativa, ma allo stesso tempo conferiscono una risonanza personale e una notorietà sociale molto gratificante. Sono del parere che in questa categoria si possa includere la creazione di un'attività imprenditoriale, la ricerca, la politica, l'arte o l'attività culturale. Con questo non voglio dire che necessariamente queste persone che non si sposano come conseguenza di una intensa occupazione professionale pratichino la continenza sessuale, e che pertanto conducano una vita da celibi nel senso spirituale della parola, ma dico semplicemente che non hanno ritenuto necessario vincolarsi stabilmente a un'altra persona.

Per altri la vita da celibe è conseguenza del carattere (paura di impegnarsi, timidezza, insicurezza...) o del desiderio di una vita più comoda (evitare la «confusione» della vita familiare). Nell'immaginario collettivo è stata coniata la figura dello «scapolone» - anche nella versione femminile -, che sarebbe una persona più o meno egoista, mai sposata, incapace di convivere con qualcuno, perché ammette soltanto il proprio modo di fare le cose. Non c'è dubbio che quando non si ha nessuno che limiti le proprie manie, queste tendono a moltiplicarsi. Questo tipo di celibato di chi non vuole complicarsi la vita, ovviamente non è l'oggetto di una vita da celibe per fini spirituali propria di chi risponde a una chiamata divina. In questi casi, la vocazione al celibato è molto lontana dal conformismo e dalla comodità:

> *Un uomo che non rischia nulla, che non si espone, che non sacrifica nulla e nulla abbandona per la fede in Gesù Cristo, anche se ha il nome di cristiano e conduce una vita onorevole, non vive, tuttavia, come una persona il cui nome è stato pronunciato da Dio, non vive come chi è chiamato, e la sua vita non è una vocazione* (Leonardi, 2015, 218).

Ciò nonostante va detto che vi sono, ovviamente, molte persone non sposate, che non hanno una vocazione speciale a esserlo, che sono molto generose e dedicano una parte del loro tempo occupandosi delle necessità degli altri o impegnandosi in attività di volontariato.

2. IL SOSTRATO TEOLOGICO

Come per qualunque altro aspetto della dottrina cristiana, la radice teologica del celibato è contenuta nella Sacra Scrittura, si va sviluppando attraverso l'interpretazione dei testi sacri che i santi hanno fatto e si consolida grazie all'autorità magisteriale della Chiesa. Esaminiamo questi tre ambiti per ciò che riguarda specificamente la piena continenza per un fine spirituale.

2.1 Il celibato nella Sacra Scrittura

Come abbiamo detto, l'Antico Testamento contiene pochi riferimenti al celibato, perché si riteneva che non facesse parte dei progetti divini sul popolo di Israele. «Il matrimonio non solo era lo stato comune di vita ma, in seguito alla promessa fatta ad Abraham, aveva acquistato un significato sacro» (McGovern, 1998, 72). Ciò nonostante, abbiamo già osservato che in vari libri della Bibbia viene indicata la relazione tra astinenza sessuale e partecipazione ai riti religiosi. Il Levitico, per esempio, contiene alcune disposizioni relative alla impurità rituale nella quale cadrebbe un sacerdote, e questo gli impedirebbe di partecipare all'ufficio sacro finché non si fosse purificato. Tra quelle descritte si trova l'impurità causata dall'avere «una emissione seminale» (Lv 22, 4), cosa che di solito veniva interpretata come una precauzione per non avere rapporti sessuali quando si adempivano le funzioni sacerdotali. Sulla stessa linea, nel primo libro di Samuele si racconta che Davide chiese al sacerdote del cibo per i suoi uomini e questi gli rispose: «Non ho sottomano pani comuni, ho solo pani sacri: se i tuoi giovani si sono almeno astenuti dalle donne, potete mangiarne» (1 Sam 21, 5).

Inoltre appare rilevante il fatto che tre dei grandi profeti sembra che siano stati celibi (Elia, Eliseo e, più sicuramente, Geremia). Nel caso di Geremia, Dio gli chiede di rimanere celibe per evitargli il dolore di perdere i figli durante l'imminente castigo che si sarebbe abbattuto sul popolo di Giuda per la sua idolatria (cfr. Ger 16, 1-9); per ciò che riguarda gli altri due, la decisione sembra conseguenza di una scelta di vita orientata a una maggiore dedizione a Dio.

In ogni caso, i riferimenti più espliciti al celibato spirituale li abbiamo nel Nuovo Testamento, dove si rinnova il patto di Dio con gli uomini attraverso Gesù Cristo e si diffonde con un carattere universale. Il primo riferimento implicito lo troviamo nella vita da celibe di Giovanni il Battista, il precursore, che si considera nello stesso tempo «l'amico dello sposo, che è presente e l'ascolta» (Gv 3, 29).

In san Matteo esistono due accenni chiari di Gesù al celibato, uno nell'ambito di una scelta che riguarda la vita presente e l'altro nel contesto della vita futura, dopo la risurrezione della carne. Il primo viene fatto dopo una domanda rivoltagli dai farisei sulla possibilità di divorziare. Ecco il testo del colloquio:

Allora gli si avvicinarono alcuni farisei per metterlo alla prova e gli chiesero: "È lecito ad un uomo ripudiare la propria moglie per qualsiasi motivo?". Ed Egli rispose: "Non avete letto che il Creatore da principio li creò maschio e femmina e disse: Per questo l'uomo lascerà suo padre e sua madre e si unirà a sua moglie e i due saranno una carne sola? Così che non sono più due, ma una carne sola. Quello dunque che Dio ha congiunto, l'uomo non lo separi" (Mt 19, 3-6).

Non essendo, a quanto pare, rimasti soddisfatti della risposta, essi insistono sugli aspetti della tradizione mosaica, così apprezzata dai farisei:

"Perché allora Mosè ha ordinato di darle l'atto di ripudio e di mandarla via?". Rispose loro Gesù: "Per la durezza del vostro cuore Mosé vi ha permesso di ripudiare le vostre mogli, ma da principio non fu così. Perciò io vi dico: Chiunque ripudia la propria moglie, se non in caso di concubinato, e ne sposa un'altra, commette adulterio". Gli dissero i discepoli: "Se questa è la condizione dell'uomo rispetto alla donna, non conviene sposarsi (Mt 19, 7-10).

Allora Gesù, in adempimento della sua missione di portare alla perfezione la Legge di Mosè, enuncia un modo nuovo di affrontare la dimensione sessuale dell'essere umano:

"Non tutti possono capirlo, ma solo coloro ai quali è stato concesso. Vi sono infatti eunuchi che sono nati così dal ventre della madre; ve ne sono alcuni che sono stati resi eunuchi dagli uomini, e vi sono altri che si sono fatti eunuchi per il Regno dei cieli. Chi può capire, capisca" (Mt 19, 11-12).

La parola eunuco appare poche volte nella Bibbia. Nell'Antico Testamento ha un significato fisico (persona castrata). Con questa accezione appare, per esempio, nella Genesi in riferimento a Potifar (eunuco «consigliere del Faraone e comandante delle guardie», Gn 37, 36), il quale comprò Giuseppe in Egitto e alla fine lo nominò maggiordomo della sua casa, anche se in questo caso il libro sacro ci dice che aveva moglie. Un riferimento a questo termine di trova anche nel libro di Samuele e nei due libri dei Re. Dal punto di vista rituale, essere eunuco equivaleva a incorrere nella impurità e pertanto a non poter partecipare all'ufficio sacro (Lv 21, 20).

Con le parole di Gesù si introduce chiaramente una nuova variante di questo vocabolo, con due particolarità molto importanti: da un lato si indica che non si tratta di uno stato fisico ma spirituale, e, dall'altro, che si tratta di una libera scelta. Perché

Gesù prospetta questa scelta di vita in occasione di una disputa sul matrimonio? A quanto pare per sottolineare che si tratta, come nel caso del matrimonio, di un cammino esistenziale che richiede una chiamata specifica di Dio. Se i farisei si lamentavano della posizione troppo alta in cui Gesù aveva appena posto l'asticella del matrimonio («Se questa è la condizione dell'uomo rispetto alla donna, non conviene sposarsi», avevano detto), Egli ora la pone ancora più in alto, per far capire che non solo è possibile mantenere tra gli sposi la fedeltà, ma si può anche scegliere una dedicazione piena a Dio rinunciando a sposarsi (farsi «eunuchi per il Regno dei cieli»). È il caso di sottolineare che questa dedicazione non si prospetta in contrapposizione al matrimonio, e ancor meno per disprezzarlo, ma come una scelta diversa, frutto di una vocazione particolare. Per capire bene questa scelta è opportuno sottolineare quello che Gesù dice all'inizio dell'ultima citazione: «Non tutti possono capirlo, ma solo coloro ai quali è stato concesso»; lo stesso dicasi per la chiusura della stessa citazione: «Chi può capire, capisca». Non si tratta dunque di una scelta universale, ma piuttosto di un cammino che seguono quelli che hanno ricevuto questo carisma soprannaturale e liberamente lo accettano.

Anche il secondo riferimento al celibato che Gesù fa avviene durante una disputa legale, in questo caso con i sadducei, intorno al dovere del Levirato che Mosè aveva stabilito perché la casta sacerdotale non rimanesse senza discendenza. Questa vicenda è raccontata da san Matteo, da san Marco e da san Luca. Ecco il racconto del primo:

> *In quello stesso giorno vennero a lui dei sadducei, i quali affermano che non c'è risurrezione, e lo interrogarono: "Maestro, Mosè ha detto: Se qualcuno muore senza figli, il fratello ne sposerà la vedova e così susciterà una discendenza al suo fratello. Ora, c'erano tra noi sette fratelli; il primo appena sposato morì e, non avendo discendenza, lasciò la moglie a suo fratello. Così anche il secondo, e il terzo fino al settimo. Alla fine, dopo tutti, morì anche la donna. Alla risurrezione, di quale dei sette essa sarà moglie? Poiché tutti l'hanno avuta". E Gesù rispose loro: "Voi vi ingannate, non conoscendo né le Scritture né la potenza di Dio. Alla risurrezione infatti non si prende né moglie né marito, ma si è come angeli nel cielo. Quanto poi alla risurrezione dei morti, non avete letto quello che vi è stato detto da Dio: Io sono il Dio di Abramo e il Dio di Isacco e il Dio di Giacobbe? Ora, non è Dio dei morti, ma dei vivi"* (Mt 22, 23-32).

L'espressione «non si prende né moglie né marito» Gesù la pronuncia nell'ottica della condizione della vita futura, dopo la risurrezione della carne, momento nel quale non sarà necessaria l'unione sessuale. In questo stadio futuro, la continenza sessuale sarà la condizione comune a tutti i risuscitati, che ritorneranno al loro corpo come uomini o donne, ma non avranno bisogno gli uni delle altre. In poche parole, in questi versetti sembra che si voglia affermare che il celibato spirituale in questo mondo non è che un anticipo della nostra vocazione definitiva. In tal senso si può affermare che ogni celibe sta in qualche modo anticipando la fine dei tempi, prefigurando la condizione finale di tutti gli esseri umani che saranno pienamente appagati dall'amore di Dio.

Nella sua catechesi sulla teologia del corpo, san Giovanni Paolo II fa notare che questo commento di Gesù non è legato alla prima conversazione che abbiamo citato e che san Matteo riprende tre capitoli prima. Parlando del celibato come scelta di vita, Gesù non prospetta un legame tra la vita presente e la realtà escatologica: «Si tratta non della continenza nel Regno dei Cieli, ma della continenza per il Regno dei Cieli» (Giovanni Paolo II, 1982b, 77). In sostanza, in questa catechesi il Papa stava affermando che Gesù non propone il celibato come una scelta futura, al termine della nostra vita terrena, ma lo suggerisce per questa vita terrena, e proprio per favorire l'avvento del suo Regno nel mondo. In realtà, nella vita eterna – una volta avvenuta la risurrezione di tutti i corpi -, il matrimonio non sarà più necessario:

> *Il matrimonio e la procreazione, invece, non costituiscono il futuro escatologico dell'uomo. Alla risurrezione perdono, per così dire, la loro ragion d'essere* (Giovanni Paolo II, 1982b, 30).

In realtà, appare oltremodo significativo il fatto che il matrimonio cristiano introduca una «clausola di annullamento», se possiamo utilizzare questa espressione calcistica, che fa sì che esso si estingua in questa vita: «finché morte non vi separi», anche se d'altra parte si può ritenere che vi sarà un altro tipo di unione affettiva tra coloro che sono stati coniugi su questa terra.

Continuando con gli episodi narrati dalla Sacra Scrittura che si riferiscono esplicitamente al celibato, facciamo ora un salto alle lettere di san Paolo, e in particolare a due di esse, la prima ai Corinzi e l'altra indirizzata agli Efesini. La prima di esse è molto significativa, dato che la Chiesa di Corinto era particolarmente amata dall'Apostolo, ma era anche una delle più discusse, con numerose questioni disciplinari e pastorali, che di fatto motivarono l'invio delle due lettere. Nel capitolo 7 della prima risponde ad alcuni quesiti che i corinzi gli avevano sottoposto intorno alla temperanza e alla verginità. Il testo completo della sua risposta è il seguente:

> *Quanto poi alle cose di cui mi avete scritto, è cosa buona per l'uomo non toccare donna; tuttavia, per il pericolo dell'incontinenza, ciascuno abbia la propria moglie e ogni donna il proprio marito. Il marito compia il suo dovere verso la moglie; ugualmente anche la moglie verso il marito. La moglie non è arbitra del proprio corpo, ma lo è il marito; allo stesso modo anche il marito non è arbitro del proprio corpo, ma lo è la moglie. Non astenetevi tra voi se non di comune accordo e temporaneamente, per dedicarvi alla preghiera, e poi ritornate a stare insieme, perché satana non vi tenti nei momenti di passione. Questo però vi dico per concessione, non per comando. Vorrei che tutti fossero come me; ma*

ciascuno ha il proprio dono da Dio, chi in un modo, chi in un altro. Ai non sposati e alle vedove dico: è cosa buona per loro rimanere come sono io; ma se non sanno vivere in continenza, si sposino; è meglio sposarsi che ardere (1 Cor 7, 1-9).

In questo brano san Paolo fa due proposte interessanti per l'argomento di questo libro. Per un verso, suggerisce ai coniugi una continenza periodica allo scopo di migliorare la loro vita spirituale ("*per dedicarvi alla preghiera*"), e con ciò vuole indicare il valore spirituale che comporta la rinuncia al piacere sessuale per un fine più nobile, ma senza arrivare a considerarlo cosa impura (il che sarebbe consono a un modo di vedere più gnostico che cristiano). L'altro aspetto interessante che contiene questo brano è la raccomandazione che san Paolo fa della propria vita da celibe ("*Vorrei che tutti fossero come me*"), ben sapendo che esistono diversi cammini e che ognuno riceve una chiamata specifica di Dio ("*il proprio dono*"), in un senso o nell'altro. Non raccomanda il celibato come una «scelta universale», ma come risposta a una vocazione personale.

Nello stesso capitolo san Paolo dedica alcuni versetti a questioni riguardanti il matrimonio, che non è il caso di trascrivere qui, e lo termina con un riferimento abbastanza dettagliato alla verginità:

Quanto alle vergini, non ho alcun comando dal Signore, ma do un consiglio, come uno che ha ottenuto misericordia dal Signore e merita fiducia. Penso dunque che sia bene per l'uomo, a causa della presente necessità, di rimanere così. Ti trovi legato a una donna? Non cercare di scioglierti. Sei libero da donna? Non andare a cercarla. Però se ti sposi non fai peccato; e se la giovane non prende marito, non fa peccato. Tuttavia costoro avranno tribolazioni nella carne, e io vorrei risparmiarvele. [...] Io vorrei vedervi senza preoccupazioni: chi non è sposato si preoccupa delle cose del Signore, come possa piacere al Signore; chi è sposato invece si preoccupa delle cose del mondo, come possa piacere alla moglie, e si trova diviso. Così la donna non sposata, come la vergine, si preoccupa delle cose del Signore, per essere santa nel corpo e nello spirito; la donna sposata invece si preoccupa delle cose del mondo, come possa piacere al marito. Questo poi lo dico per il vostro bene, non per gettarvi un laccio, ma per indirizzarvi a ciò che è degno e vi tiene uniti al Signore senza distrazioni (1 Cor 7, 25-35).

La chiave di questo brano è il motivo di fondo che dà san Paolo per una vita da celibe: *piacere a Dio*. Il motivo principale della vita da celibe non è quello di evitare il rapporto coniugale, come se fosse qualcosa di negativo, motivo di eventuali tentazioni, ma quello di avere una maggiore capacità di stringere amicizia con Dio, avendo il cuore esclusivamente concentrato in Lui. Questo amore indiviso è il nucleo del celibato, perché rende più facile dedicare a Dio le migliori energie di vita. Poi indica in aggiunta che il celibe «si preoccupa delle cose del Signore» e allo stesso tempo può concedere una maggiore disponibilità personale alle attività apostoliche. In seguito ritorneremo su questo argomento con maggiori dettagli (capitolo 4.2).

Nella lettera agli Efesini san Paolo include alcuni consigli per la vita coniugale che spesso fanno parte delle letture durante le cerimonie matrimoniali. Nel nostro contesto, i versetti più importanti potrebbero essere:

> *Così anche i mariti hanno il dovere di amare le mogli come il proprio corpo, perché chi ama la propria moglie ama se stesso. Nessuno mai infatti ha preso in odio la propria carne; al contrario la nutre e la cura, come fa Cristo con la Chiesa, poiché siamo membra del suo Corpo. Per questo l'uomo lascerà suo padre e sua madre e si unirà alla sua donna e i due formeranno una carne sola. Questo mistero è grande; lo dico in riferimento a Cristo e alla Chiesa* (Ef 5, 28-32).

Qui l'idea più interessante è il paragone che viene fatto tra il matrimonio e Cristo che si dona alla Chiesa. Ho un buon amico argentino che dice, con un tono simpatico, di essere «cognato di Dio», perché ha una sorella carmelitana scalza. Nella tradizione della Chiesa la verginità per il Regno dei Cieli è stata paragonata alle nozze spirituali, dove l'anima si unisce a Gesù quale autentico sposo. La figura si può estendere a qualunque persona che abbraccia il celibato soprattutto se lo fa in età adolescenziale. Le parole di san Paolo danno un significato più profondo a questa tradizione, visto che considera il matrimonio una figura dell'amore infinito di Gesù per la sua Chiesa che lo porta a donarsi completamente ad Essa nella sua Passione e Morte. In questo senso, come amore esclusivo, può anche essere considerato una immagine del celibato cristiano, in modo particolare nel caso del celibato religioso e sacerdotale, come indicava san Giovanni Paolo II:

> *Il sacerdote è chiamato ad essere immagine viva di Gesù Cristo Sposo della Chiesa. [...] È chiamato, pertanto, nella sua vita spirituale a rivivere l'amore di Cristo Sposo nei riguardi della Chiesa sposa. La sua vita dev'essere illuminata e orientata anche da questo tratto sponsale, che gli chiede di essere testimone dell'amore sponsale di Cristo, di essere quindi capace di amare la gente con cuore nuovo, grande e puro, con autentico distacco da sé, con dedizione piena, continua e fedele, e insieme con una specie di "gelosia" divina (2 Cor 11, 2) con una tenerezza che si riveste persino delle sfumature dell'affetto materno, capace di farsi carico dei "dolori del parto" finché "Cristo non sia formato" nei fedeli (cfr. Gal 4, 19)* (Giovanni Paolo II, 1992, 22).

Infine, tra le citazioni della Sacra Scrittura che si riferiscono al celibato, possiamo includerne una dell'Apocalisse in cui san Giovanni illustra il ruolo che avranno le anime vergini nel giudizio finale:

> *Poi guardai ed ecco l'Agnello ritto sul monte Sion e insieme 144.000 persone che recavano scritto sulla fronte il suo nome e il nome del Padre suo. Udii una voce che veniva dal cielo, come un fragore di grandi acque e come un rimbombo di forte tuono. La voce che udii era come quella di suonatori di arpa che si accompagnano nel canto con le loro arpe. Essi cantavano un cantico nuovo davanti al trono e davanti ai quattro Esseri viventi e ai Vegliardi. E nessuno poteva comprendere quel cantico, se non i 144.000, i redenti della terra. Questi non si sono contaminati con donne, sono infatti vergini e seguono l'Agnello dovunque va. Essi sono stati redenti tra gli uomini, come primizie per Dio e per l'Agnello* (Ap 14, 1-4).

Il brano, pur nella complessità interpretativa che presenta l'Apocalisse, indica la particolare sollecitudine che Gesù riserverà alle anime dei celibi, quelle che avranno realmente dedicato totalmente la loro vita per amore verso di Lui e per instaurare il suo Regno. Saranno molto amati da Dio, che dimostrerà la sua generosità nei confronti di coloro che hanno dato al Signore ciò che di meglio avevano, tutti i loro affetti e tutte le loro potenze.

2.2 La Tradizione

Abbiamo già citato alcune testimonianze di scrittori cristiani dei primi secoli a difesa del celibato spirituale, sia per le persone consacrate che per i fedeli laici. Vogliamo ricordare qui che le più antiche testimonianze che abbiamo del celibato cristiano non si limitano ai ministri consacrati, ma includono anche i fedeli laici, come abbiamo già visto nelle citazioni di san Giustino e di Atenagora. È importante anche rilevare che questa dedizione esclusiva a Dio non cambiava la funzione di questi laici nella vita della Chiesa, né li costituiva una categoria diversa di fedeli. In altre parole, questo impegno nel celibato non comportava nessuna consacrazione speciale, come invece accadeva con quella dei presbiteri e dei vescovi o, alcuni secoli dopo, delle vergini consacrate (ved. tale questione in Del Portillo, 1971 e López-Díaz, 2014).

Secondo Clemente di Alessandria, alla fine del II sec. i cristiani celibi hanno una elevata importanza spirituale, perché hanno riposto in Dio la loro piena fiducia. Questo permette loro di essere spiritualmente fecondi, a fronte di coloro che egli considera fecondi in quanto alla vita e alla parola:

Pertanto non sarà ammesso all'assemblea di Dio un eunuco, lo sterile che non dà frutto in quanto alla condotta di vita e alla parola; invece, quelli che si sono fatti eunuchi da sé, evitando ogni peccato, per amore del regno dei cieli, sono beati, perché si astengono dal mondo (Clemente di Alessandria, 190-210, 99.4, p. 467).

Loda il celibato ma si oppone recisamente a quelli che disprezzano il matrimonio considerandolo impuro, come suggerivano gli eretici gnostici (Marcione, gli encratiti e i docetisti) con i quali polemizza:

Così dunque la giustizia è l'armonia dei mezzi di salvezza, di per sé austera e rigida, però alcuni la vogliono estendere eccessivamente, come abbiamo dimostrato, interpretando la continenza in modo ingiurioso e con autentica e caratteristica empietà; eppure avrebbero potuto scegliere il celibato, conforme alla retta norma, con pietà, grati per il dono che è stato loro concesso, senza odio verso la creazione e senza disprezzo verso le persone sposate (Clemente di Alessandria, 190-210, 105.1, p. 479).

Due secoli più tardi sant'Ambrogio da Milano scriverà un trattato sulla verginità, in cui include elementi di grande interesse per il successivo sviluppo della teologia del celibato, sebbene non sia chiaro se si riferisse alle vergini laiche o a quelle consacrate. Paragona le virtù delle vergini cristiane con le virtù di quelle pagane, che secondo lui si riducevano a una semplice integrità fisica, mancando in loro la componente spirituale che nel cristianesimo è la chiave. Inoltre, quello che caratterizzava la verginità cristiana era la sua origine divina, non una scelta di vita semplicemente umana, che però Cristo stesso aveva adottato nella propria vita. Per Ambrogio, Gesù è il vero modello della verginità, il cui sacramento è il suo stesso corpo. Ritiene che le vergini siano come angeli sulla Terra (si riferisce al passo di san Matteo, dove Gesù situa la verginità in una prospettiva escatologica). Seguendo san Paolo, propone la verginità come un dono che si può accettare solo liberamente, perché è al di sopra della natura:

La verginità non può essere imposta ma si abbraccia volontariamente, perché ciò che è al di sopra di noi è più oggetto di desiderio che di comando (Sant'Ambrogio, 377, I.23, p. 79).

Mette a confronto i sacrifici della sposa (a volte con immagini che a noi oggi appaiono scioccanti, perché equipara il matrimonio a un contratto di compra-vendita di schiavi) con la libertà di una vergine cristiana. Critica la tendenza delle mogli di truccarsi e adornarsi per farsi belle. E invece, la principale bellezza delle vergini sta nell'anima, nella loro lotta per acquisire le virtù. Infine mette in evidenza la fecondità spirituale della vita delle vergini:

La vergine non conosce il peso della gravidanza né i dolori del parto, e tuttavia la sua discendenza è più numerosa, perché viene generata nello spirito e tutti considera figli. È feconda in discendenti, sterile alle perdite familiari, e ha eredi senza conoscere il lutto (Sant'Ambrogio, 377, I.30, p. 85).

Per sant'Ambrogio la verginità ha un significato sponsale, che è riflesso molto bene nel Cantico dei Cantici ed era messo in evidenza nella cerimonia di consacrazione di una vergine (*velatio* matrimoniale). Questa cerimonia si celebrava di solito a Natale e a Pasqua. Invita i genitori a essere generosi con le figlie: se permettevano loro di scegliere di sposarsi, avrebbero dovuto permettere loro anche di scegliere la verginità come una opzione alternativa. Comunque, non disprezza il matrimonio, ma si limita a indicare che la verginità è superiore:

Così dunque io non sconsiglio il matrimonio, ma elenco i frutti della verginità. Indubbiamente essa è un dono riservato a poche, mentre quello è di tutte. [...] paragono solamente le cose buone con le cose buone, perché si veda più facilmente che è migliore (Sant'Ambrogio, 377, I.35, p. 85).

Infine, dedica il libro II all'esempio di Maria, la Vergine per eccellenza. Mette in evidenza le sue virtù e la fecondità della sua vita. Cita anche altre vergini, come santa Tecla e Teodora di Alessandria, e le paragona con altre vergini pagane.

Altri autori dei primi secoli che scrivono intorno alla verginità nella Chiesa sono san Cipriano, sant'Agostino, san Basilio, san Gregorio di Nissa e san Girolamo. Alcuni li abbiamo già citati nel capitolo 1.

2.3 Il Magistero della Chiesa

Le testimonianze favorevoli al celibato come una opzione spiritualmente più elevata del matrimonio si possono riscontrare sin dai primi secoli del cristianesimo, sebbene in buona parte i testi si riferiscono alla disciplina del celibato sacerdotale. Dato che il celibato dei laici non è stato oggetto di controversia, abbiamo ben poche testimonianze del Magistero della Chiesa su tale questione. Nella misura in cui la difesa del celibato sacerdotale comportava un motivo di discussione teologica sullo stesso sacerdozio o sulla eccellenza della verginità per il Regno dei Cieli, possiamo trovare alcune dichiarazioni che hanno un qualche interesse per l'obiettivo di questo libro.

Abbiamo già visto i decreti approvati nei concili nazionali (Elvira, Neocesarea) o universali (Nicea, Laterano) sulla disciplina del celibato sacerdotale, che si inserisce nel quadro dell'esempio di Gesù Cristo, oltre che della piena donazione degli affetti a Dio e alla comunità della quale il sacerdote è a servizio. Oltre ai testi già commentati di diversi concili, possiamo citare alcune dichiarazioni specifiche dei Papi nei primi secoli del cristianesimo, essendo ormai urgente completare la disciplina del celibato sacerdotale. Per esempio, nella lettera datata 10 febbraio 385, indirizzata al Papa Siricio (384-399), il vescovo Imerio di Tarragona afferma:

Il Signore Gesù [...] volle che la figura della Chiesa, di cui è lo sposo, emani lo splendore della castità [...]. Dalla legge indissolubile di queste disposizioni siamo legati noi tutti sacerdoti [...], affinché dal giorno della nostra ordinazione consegniamo sia i nostri cuori che i nostri corpi alla sobrietà e alla pudicizia, per piacere al Signore nostro Dio nei sacrifici che ogni giorno offriamo (Denzinger, 1995, 185, p 103).

Ci siamo riferiti anche al Concilio di Trento, che associa la disciplina del celibato alla teologia del sacerdozio, soprattutto considerandolo come immagine di Cristo, in contrapposizione alla visione protestante. A parte questo aspetto, è molto interessante a questo punto mettere in evidenza la sua solenne dichiarazione sul maggior valore spirituale del celibato rispetto al matrimonio. Nella sessione XXV, tenutasi nel 1563, si dà questa indicazione:

Se qualcuno dirà che il matrimonio è da preferirsi alla verginità o al celibato e che non è cosa migliore e più felice rimanere nella verginità e nel celibato che unirsi in matrimonio (cfr. Mt 19, 11s; 1 Cor 7, 25s, 38 e 40)*, sia anatema* (Denzinger, 1995, 1810, p. 739).

Anche se qui non vengono indicate le ragioni teologiche, nel contesto in cui fu approvato si fa riferimento alle critiche dei protestanti al celibato come parte della disciplina sacerdotale, ma ovviamente si può estendere a qualunque altra forma di celibato spirituale, incluso quello dei laici e dei religiosi.

Anche le dichiarazioni più recenti del Magistero fanno riferimento al celibato sacerdotale, che continua a essere oggetto di una certa controversia, assai spesso più fittizia che reale. Alcuni dei testi che s'inseriscono in questa polemica servono anche da supporto per approfondire le motivazioni del celibato laicale, dato che enfatizzano l'importanza della piena continenza per il Regno di Dio. Per esempio, nel decreto del Concilio Vaticano II dedicato alla vita e al ministero dei presbiteri, *Presbyterorum Ordinis*, si afferma che:

La perfetta e perpetua continenza per il Regno dei cieli, raccomandata da Cristo Signore (cfr. Mt 19, 12)*, nel corso dei secoli e anche ai nostri giorni volentieri abbracciata e lodevolmente osservata da non pochi fedeli, è sempre stata considerata dalla Chiesa come particolarmente confacente alla vita sacerdotale* (n. 16).

Questa frase mi sembra molto significativa, perché sta a indicare che il celibato non è una prerogativa dei sacerdoti, ma di "*non pochi fedeli*", affermando inoltre che il celibato laicale è grandemente apprezzato dalla Chiesa. Uno degli autori di questo documento conciliare, il Beato Álvaro del Portillo – che fu segretario della commissione che lo redasse -, pochi anni dopo spiegava che con questa frase si dichiara che il celibato è un dono che il Signore ha concesso a molti fedeli, non essendo associato esclusivamente al ministero sacerdotale. Inoltre lo stesso autore sottolinea che nel caso dei laici la chiamata alla vita celibe non modifica il loro *status* nella Chiesa:

> *Pertanto, anche il laico può abbracciare questa condizione, corrispondendo così a una chiamata di Dio, senza che per questo viene in alcun modo modificata o diminuita, né teologicamente né giuridicamente, la sua piena condizione di laico nella Chiesa* (Del Portillo, 1971, 451).

Questo è un elemento importante per dire a chiare lettere che la vocazione al celibato tra i laici non cambia il loro modo di vivere – non "*toglie nessuno dal posto che occupa*", come piaceva dire a san Josemaría -, ma che essa è perfettamente compatibile con l'esercizio delle attività professionali e sociali che ogni persona svolge.

A parte questa annotazione, non possiamo dire che siano frequenti le manifestazioni magisteriali recenti sul celibato dei laici. Il documento più recente sulla questione è la lettera enciclica *Sacerdotalis caelibatus*, pubblicata nel 1967 da san Paolo VI. Lì metteva fine alle critiche che anche in seno alla Chiesa apparivano negli anni post-conciliari. Nell'enciclica il Papa metteva in evidenza l'importanza del celibato per i ministri sacri, nella dimensione cristologica, ecclesiologica ed escatologica. Insisteva sul fatto che si tratta di una chiamata divina, basata sull'amore di Dio e fatta propria liberamente da chi risponde a questa chiamata. In tal senso, il brano si potrebbe applicare anche al celibato dei laici:

> *La risposta alla divina vocazione è una risposta d'amore all'amore che Cristo ci ha dimostrato in maniera sublime; essa si ammanta di mistero nel particolare amore per le anime alle quali Egli ha fatto sentire i suoi appelli più impegnativi. La grazia moltiplica con forza divina le esigenze dell'amore che, quando è autentico, è totale, esclusivo, stabile e perenne, stimolo irresistibile a tutti gli eroismi* (Paolo VI, 1967, 24).

Seguendo la tradizione della Chiesa, confermava che il celibato, in quanto manifestazione di un amore esclusivo a Dio, ha un'eccellenza superiore a quella del matrimonio. Orbene, tale superiorità non è tanto legata al modo di praticare la virtù (che in una persona sposata può essere molto più elevato che in un celibe), quanto alla motivazione per la quale si pratica ("per il Regno dei Cieli"), che è comune a ogni forma di celibato (laicale, sacerdotale o religioso). Si tratta dello stesso senso indicato da san Giovanni Paolo II nell'esortazione apostolica *Familiaris Consortio*:

> *... la verginità testimonia che il Regno di Dio e la sua giustizia sono quella perla preziosa che va preferita ad ogni altro valore sia pure grande, e va anzi cercato come l'unico valore definitivo. E' per questo che la Chiesa, durante tutta la sua storia, ha sempre difeso la superiorità di questo carisma nei confronti di quello del matrimonio, in ragione del legame del tutto singolare che esso ha con il Regno di Dio* (Giovanni Paolo II, 1981a, n. 16).

Ancora una volta, questo non implica un disprezzo del matrimonio, che non è mai esistito in una interpretazione veramente cattolica del celibato, dato che in nessun caso quest'ultimo si basa su un rifiuto della corporeità umana. Celibato e matrimonio, in fondo, sono due facce della stessa moneta, due strade basate sull'amore (ved. cap. 3.5), come del resto afferma molto bene la recente esortazione apostolica di Papa Francesco *Amoris laetitia*:

> *Mentre la verginità è un segno "escatologico" di Cristo risorto, il matrimonio è un segno "storico" per coloro che camminano sulla terra, un segno di Cristo terreno che accettò di unirsi a noi e si donò fino a donare il suo sangue. La verginità e il matrimonio sono, e devono essere, modalità diverse di amare, perché l'uomo non può vivere senza amore* (Papa Francesco, 2016, n. 161).

2.4. Il significato del celibato cristiano

Come riassunto di ciò che abbiamo detto in questi primi capitoli, il celibato cristiano si pone in un contesto spirituale molto profondo, che induce a sacrificare un piacere naturale molto forte nell'essere umano come risposta a un carisma divino, che presuppone nel contempo una sorgente di amore spirituale e di servizio agli altri. Proprio queste sono state nella tradizione cristiana le due motivazioni più nette del celibato: da un lato, la ricerca esclusiva dell'amore a Dio che in qualche modo anticipa la felicità eterna per la quale siamo stati creati (testimonianza escatologica), e dall'altro il servizio agli altri nell'apostolato, servendo da strumenti per estendere il regno di Dio sulla terra (Gefaell, 2013).

Questi due significati del celibato non possono essere considerati contrapposti, quanto invece complementari. Il primo presuppone che la persona che abbraccia un amore esclusivo a Dio sta anticipando lo stato dell'anima nella gloria del Cielo, dove «... non si prende né moglie né marito, ma si è come angeli nel cielo» (Mt 22, 30: Mc 12, 24; Lc 20, 35). Qui Gesù indica che il matrimonio è necessario in questa vita, ma non in quella futura, dove la nostra affettività sarà pienamente soddisfatta dall'amore di Dio. Di conseguenza, chi sceglie il celibato come forma di vita sta anticipando, in qualche modo, quello stadio di compimento eterno, come immagine di «un nuovo cielo e una nuova terra» (Ap 21, 1) che verrà alla fine dei tempi. In questo contesto il celibe dimostra fino a che punto l'anima è saziata dall'amore divino, sublimando le passioni più intime della natura umana. Di solito è accompagnato da un allontanamento dal mondo che praticano alcuni ordini religiosi, in modo particolare quelli di clausura, a testimonianza di quella nuova vita futura; però si applica anche al celibato sacerdotale e a quello del laico, che poggia ancora una volta nell'amore esclusivo a Dio.

Il secondo significato del celibato è più orientato al servizio degli altri, perché il celibe dispone di più tempo che non chi è sposato da dedicare agli altri, per amore di Dio. Quando una persona decide di donare pienamente la propria vita ad estendere il Regno di Dio, offre il proprio tempo con una disposizione piena a favore di chi possa aver bisogno delle sue attenzioni e del suo affetto. Come già osservava san Paolo, e d'altra parte sembra di buon senso, l'impegno matrimoniale richiede una dedizione molto intensa al coniuge e ai figli, che è difficile conciliare con determinate attività di apostolato e di servizio alla comunità. Chi fa a meno di una propria famiglia per abbracciare il celibato apostolico ha una maggiore libertà nel dedicarsi interamente agli altri, o viaggiando in altri luoghi per diffondere il Vangelo o, rimanendo nel proprio ambito, ma con una particolare attenzione alle necessità altrui, materiali (cura dei malati, delle persone povere) o spirituali (insegnamento, catechesi...).

Nella Chiesa, qualunque celibato comprende i due significati, escatologico e apostolico, indipendentemente dalle circostanze in cui si concretizza. È importante ricordare che non si tratta di un requisito per compiere un ufficio (quello sacerdotale), ma di un dono di Dio che specifica in alcune persone – laici, sacerdoti o religiosi – la chiamata universale alla santità e al sacerdozio comune di tutti i fedeli, frutto del Battesimo. Come indica Javier López Díaz (2012), il sacerdozio comune è l'ambito specifico del dono del celibato, dato che tutto quanto è indirizzato alla salvezza delle anime. Secondo lui – e sono abbastanza d'accordo -, mentre la generazione della vita naturale avviene mediante il matrimonio, la generazione della vita soprannaturale avviene verginalmente, come immagine della generazione verginale del Figlio dal Padre nella Santissima Trinità. Come afferma lo stesso autore:

> *La cooperazione dell'uomo alla trasmissione della vita soprannaturale è la radice del significato del celibato* (López-Díaz, 2012, 225).

Questo serve sia ai celibi che alle persone sposate, perché tutti sono chiamati a contribuire alla diffusione del regno di Dio; nel caso dei celibi, ciò avviene senza la mediazione degli impegni coniugali.

Nei capitoli che seguiranno presenteremo alcune conseguenze di questi principi sulla motivazione e sulla esperienza di vita del celibato tra i fedeli laici, i quali vivono la loro vocazione in mezzo alle attività professionali e familiari ordinarie.

3. IL SIGNIFICATO DEL CELIBATO

3.1 Ricevere un dono

Come abbiamo detto, Gesù si riferisce alla possibilità di una continenza piena per una finalità apostolica («per il Regno dei cieli», Mt 19, 12), lo colloca nell'ambito di una vocazione che soltanto alcuni ricevono, per cui inizia la frase inserendo un molto significativo: «Non tutti possono capirlo, ma solo coloro ai quali è stato concesso» e finendola con: «Chi può capire, capisca» (Mt 19, 11-12). In poche parole, qui il Signore si sta riferendo alla continenza assoluta come a una disposizione di vita che riguarda poche persone, coloro che hanno ricevuto questo dono e possono comprenderlo. Si riferisce dunque a una scelta di vita da affrontare come risposta a una chiamata divina.

Sulla stessa linea delle parole di Gesù possiamo considerare quelle che san Paolo rivolge ai Corinzi: «Vorrei che tutti fossero come me, ma ciascuno ha il proprio dono da Dio, chi in un modo, chi in un altro» (1 Cor 7, 7). San Paolo si sente felice con la sua vocazione di celibe, fino al punto che gli piacerebbe che molti altri la condividessero, anche se sottolinea che si tratta di un «proprio dono» ricevuto da Dio, che distribuisce doni diversi a ogni persona («chi in un modo, chi in un altro»).

I due testi della Scrittura, convalidati dalla Tradizione successiva della Chiesa, ci dicono che il celibato spirituale non è una iniziativa dell'uomo o della donna che lo pratica, ma che è piuttosto una chiamata specifica di Dio a impegnarsi completamente con Lui. Questa chiamata tradizionalmente nella Chiesa è stata denominata vocazione. Sebbene il termine sia stato associato quasi esclusivamente alla chiamata alla vita sacerdotale o religiosa, la riscoperta del ruolo dei laici nella vita della Chiesa compiuta dal Concilio Vaticano II (Burkhart e López, 2012) permette di concludere che la chiamata ricevuta da un laico, sia al celibato che al matrimonio, si può chiamare propriamente anche vocazione, dato che è una specificazione della vocazione universale alla santità che tutti riceviamo nel battesimo. Il Concilio Vaticano II stimola tutti i fedeli a vivere con profonda coerenza la nostra attività professionale e sociale alla luce della nostra fede, che da una parte dia un senso soprannaturale a queste attività e dall'altra serva da fermento di vita cristiana nelle persone che coltivano relazioni con noi. Nella costituzione pastorale Gaudium et Spes sta scritto:

> *Il Concilio esorta i cristiani, che sono cittadini dell'una e dell'altra città, di sforzarsi di compiere fedelmente i propri doveri terreni, facendosi guidare dallo spirito del Vangelo. Sbagliano coloro che, sapendo che qui non abbiamo una cittadinanza stabile ma che cerchiamo quella futura, pensano di poter per questo*

trascurare i propri doveri terreni, e non riflettono che invece proprio la fede li obbliga ancora di più a compierli, secondo la vocazione di ciascuno. Al contrario, però, non sono meno in errore coloro che pensano di potersi immergere talmente negli affari della terra, come se questi fossero estranei del tutto alla vita religiosa, la quale consisterebbe, secondo loro, esclusivamente in atti di culto e in alcuni doveri morali. Il distacco, che si costata in molti, tra la fede che professano e la loro vita quotidiana, va annoverato tra i più gravi errori del nostro tempo (Concilio Vaticano II, 1965, 43).

Ho un amico che è molto entusiasta del Signore degli Anelli, la grande opera dello scrittore britannico J.R. Tolkien. La conoscenza che ha dell'autore e del libro gli permette di fare una interpretazione molto più profonda di quella che si potrebbe dedurre da una semplice lettura di questa epopea. L'opera di Tolkien contiene profonde allegorie, che mostrano, alla fin fine, la lotta tra il Bene e il Male nel mondo, e il ruolo che gli esseri umani – e, in un certo senso, le altre creature della Creazione – giocano in questa contesa. Al centro di questo dramma, con molteplici personaggi che sembrano schierarsi con la parte benigna o maligna del confronto, appare il protagonista della storia, Frodo Baggins, un piccolo *hobbit*, uno degli esseri più vulnerabili, meno qualificato, ma che ha il compito più importante, senza il quale nessuno degli altri avrebbe senso. Questo compito - portare l'Anello là dove può essere distrutto – viene conferito a un essere in apparenza ben poco dotato per adempierlo.

È una buona immagine di una vocazione divina. Dio chiama ogni persona a realizzare un compito, e le dà le grazie necessarie per riuscirci. Non gli importano le qualità umane, l'abilità, l'ingegno, il coraggio..., tutte queste cose le conosce bene, perché è Lui che ci ha creato, con le nostre virtù e i nostri difetti. Egli sa perché, però chiama ognuno di noi a un compito concreto e ci dona la grazia per dirgli di sì e seguirlo in questa vocazione. Questa è l'essenza del celibato spirituale. Non può essere frutto di una deduzione puramente umana, pensando che sia la strada migliore per noi in quanto è la più eccelsa. Il celibato non dovrebbe essere considerato una sorta di sfida personale, ma come una risposta a una chiamata specifica di Dio alla quale ognuno risponde liberamente. In caso contrario, potrebbe trasformarsi in una meta sbagliata, che nel migliore dei casi amareggi chi se la proponga, e nel peggiore rechi un gran danno anche a coloro che lo attorniano.

Come si sente uno che è chiamato a un celibato spirituale? In queste pagine non ho la possibilità di entrare nei dettagli dei sintomi di una chiamata di Dio, argomento su cui, d'altra parte, sono stati scritti tanti libri (Aguiló, 2013; Rodríguez *et al.*, 2014). Riconoscere la chiamata di Dio a una piena continenza significa aver saputo in precedenza il contenuto di questa chiamata, essere convinti che è rivolta a noi e riporre in Dio la fiducia necessaria per accettarla. Può accadere in un qualunque momento della vita, ma accade più spesso nell'adolescenza, momento nel quale ci sentiamo particolarmente disposti a perseguire grandi mete, a cambiare il mondo, cominciando col cambiare noi stessi.

L'itinerario spirituale di una vocazione al celibato può essere molto vario, perché Dio utilizza i propri metodi, molto più fantasiosi dei nostri, per farsi conoscere. È solito mostrarsi in un ambito determinato, orientato a una dedicazione specifica in seno alla Chiesa: al sacerdozio, alla consacrazione religiosa o alla vita laicale. Con una certa frequenza esiste un'attrattiva idealista per una determinata istituzione, sia per la sua missione che per il suo orientamento o per la sua concezione di vita o anche per alcune persone concrete che in essa praticano il celibato apostolico. Questa ammirazione che, in una nobile disposizione, porta all'imitazione («mi piacerebbe essere come quella persona»), è un primo passo della vocazione, ma naturalmente non è il più importante. È come il «colpo di fulmine» in un innamoramento umano: intuiamo che lì possiamo trovare la risposta alla nostra ricerca.

Poi dovrà maturare nella nostra relazione personale con Dio sul significato di questa chiamata, frutto allo stesso tempo di una conoscenza più dettagliata di questo modo di vivere, un po' simile al periodo di fidanzamento che precede il matrimonio. Questo permette di rispondere a questioni vitali: in che consiste questa precisa vocazione? Su che cosa poggia? Che cosa implica il giorno dopo giorno? Che impegno comporta? La conoscenza più profonda dello spirito che anima questo modo di vivere che appare così attraente si ottiene partecipando alle riunioni di formazione, coltivando una relazione con le persone che vivono già questa vocazione. Soprattutto, per far maturare una determinata vocazione occorre capire chiaramente, grazie alla nostra orazione personale, quello che Dio ci sta chiedendo; proprio per questo un elemento chiave di questo nuovo cammino è costituito delle pratiche di vita spirituale (un tempo di preghiera giornaliera, assistere alla Santa Messa, recitare il santo rosario, leggere un testo spirituale...), che accrescono la nostra conoscenza e l'amore a Gesù Cristo.

Trascorsi vari mesi o forse anni, se chi cerca il significato ultimo della chiamata di Dio ha la certezza che la vicinanza con questa istituzione arricchisce la propria vita spirituale, lo rende più allegro, più devoto, più sereno davanti alle difficoltà, amico migliore dei suoi amici, lavoratore migliore..., vuol dire che questa vocazione va maturando. L'attrattiva iniziale si rafforza e può nascere l'ansia di intraprendere questo cammino vocazionale, di seguire questa dedicazione piena a Dio che uno vede come un motore che feconda la propria vita e le trasmette pieno significato. Forse a questo stadio si può provare paura davanti a ciò che non si conosce, la sensazione che la meta è molto in alto, che non abbiamo le forze per una vita tanto idealista. Tuttavia, se l'ansia interiore persiste, può essere un chiaro indizio che la chiamata è per noi, non il semplice frutto di un entusiasmo passeggero ma la convinzione profonda di trovarci in presenza di una vocazione divina che richiede una risposta affermativa.

Le persone che ci hanno accompagnato in questo percorso, alcune già membri dell'istituzione, alcune magari sacerdoti con una esperienza nella guida spirituale delle anime, potranno giudicare se questa ansia è solida, se non è contaminata da altre intenzioni meno soprannaturali, sebbene siano molto nobili. Questo consiglio esterno sarà di grande aiuto, per il nostro bene e per il bene della stessa istituzione (che è la prima interessata nell'accettare solo quelli che Dio chiama realmente a intraprendere quel cammino). Continuando con il paragone del matrimonio, questo consiglio sarebbe l'equivalente di quello espresso dagli amici o dai parenti del fidanzato o della fidanzata quando conoscono il futuro coniuge: possono esprimere la propria opinione sulla sua idoneità, ma in ultima analisi, chi decide di sposarsi è quel tale, e noi i suoi fratelli o gli amici.

Ho sintetizzato in pochi paragrafi la mia personale esperienza vocazionale all'Opus Dei, al quale mi sono unito quarant'anni fa, durante la mia adolescenza. La mia esperienza è stata molto semplice. Ho studiato in una scuola (Tajamar) diretta da persone di questa istituzione in un quartiere di Madrid non lontano da casa mia. Mi piacque subito l'ambiente, lì ho stabilito alcune amicizie, ho conosciuto meglio lo spirito dell'Opus Dei, soprattutto ho conosciuto Dio, ho imparato a trattarlo come un Padre a me vicino, con il quale potevo mettermi in contatto in qualunque momento. Mi hanno insegnato le preghiere vocali e come fare l'orazione mentale, a gustare la santa Messa, a conoscere meglio i motivi dell'essere cristiano. Mi hanno incitato ad amare di più la mia famiglia, a essere generoso, buon lavoratore, amico dei miei amici, onesto... Non so se ci sono riuscito, ma comunque mi sembrava – e mi sembra tuttora, dopo tanti anni – un ideale di vita al quale valeva la pena dedicare il meglio delle mie energie. La decisione di unirmi all'Opus Dei l'ho presa durante un momento di preghiera davanti a Gesù Sacramentato alla vigilia di un Giovedì Santo. Dopo questi quaranta anni, posso dire che la mia è stata un'esperienza eccellente. Benché vi siano stati momenti di oscurità e di scoraggiamento, il bilancio ha molte più luci – che il Signore ha messo nella mia vita – che ombre, conseguenza dei miei limiti. Malgrado tutto, sono perfettamente convinto che il Signore si sia servito della mia fedeltà alla vocazione per diffondere il suo Amore nel mondo. Non mi considero migliore di nessuno, ma soltanto migliore di me stesso nel caso avessi seguito altre strade.

La convinzione di rispondere a una chiamata divina è presente nella testimonianza dei santi che ci hanno narrato questa stessa esperienza soprannaturale. Per esempio, in *Dono e Mistero*, san Giovanni Paolo II ci racconta il processo della sua vocazione:

...contemporaneamente nella mia coscienza si manifestava sempre più chiaramente una luce: il Signore vuole che io sia sacerdote. Un giorno l'ho avvertito con estrema chiarezza: era come una illuminazione interiore che portava

con sé la gioia e la certezza di una nuova vocazione, E tale consapevolezza mi ha riempito di una grande pace interiore (Giovanni Paolo II, 1996).

Dopo tutta una vita di donazione a Dio, prima nel sacerdozio, poi nell'episcopato e infine nella Sede di Pietro, il bilancio che ci ha fatto san Giovanni Paolo II nella sua ultima visita in Spagna nel 2003, quando ho avuto la fortuna di ascoltarlo personalmente, risultava allo stesso tempo impegnativo e invidiabile:

> *Vi do la mia testimonianza: io sono stato ordinato sacerdote quando avevo 26 anni. Da allora ne sono passati altri 56. Se volgo lo sguardo indietro e ricordo questi anni della mia vita, vi posso assicurare che vale la pena dedicarsi alla causa di Cristo e, per amore a Lui, consacrarsi al servizio dell'uomo. Vale la pena dare la vita per il Vangelo e per i fratelli (Giovanni Paolo II, 2003, 5).*

Un altro santo dei nostri giorni, san Josemaría, ha ricevuto una chiamata da Dio quando aveva soltanto 17 anni. In una giornata di gran freddo, in pieno inverno a Logroño (Spagna), vide sulla neve le orme dei piedi scalzi di un carmelitano. Quelle orme scombussolarono il suo cuore, che si accese nel desiderio di un amore più grande. Vedendo il sacrificio, per amore di Dio, di quel frate, Josemaría si domandava che cosa faceva lui per Dio, e allora decise di farsi sacerdote per essere meglio disposto a ricevere la vocazione specifica che il Signore volesse inviargli. – «Perché mi sono fatto sacerdote?», si chiederà alcuni anni dopo:

> *Perché pensavo che così sarebbe stato più facile compiere quella volontà di Dio, che ancora non conoscevo. Da circa otto anni prima della mia ordinazione la presentivo, ma non sapevo qual era, e non l'ho saputo fino al 1928* (san Josemaría, predicazione orale, 1974).

In sostanza, san Josemaría accettò la vocazione sacerdotale come il modo migliore per essere più disponibile a fare la volontà di Dio, che in seguito, il 2 ottobre 1928, si sarebbe precisata con le luci che ricevette per fondare l'Opus Dei. La sua vita non fu risparmiata da difficoltà di ogni genere, ma il suo bilancio non fa che dimostrare la grande gioia che una vita di donazione a Dio comporta, mentre dal Cielo ci invita continuamente a rispondere con generosità alla chiamata del Signore:

> *Vale la pena essere fedeli! Non dimenticate che noi siamo innamorati, non siamo gente senza amore! Se non mettiamo completamente Dio nella nostra vita – innamorati! -, non possiamo andare avanti. Non fate nulla senza mettere almeno una briciola d'amore, anche se costa!* (san Josemaría Escrivá, citato da Echevarría, 2000, 103).

3.2 Piacere a Dio

Anche se tutti i fedeli, per aver ricevuto il Battesimo, sono chiamati a partecipare all'intimità della vita divina, il celibato spirituale implica una chiamata a vivere questa intimità con Dio in un modo esclusivo, senza dover condividere l'affetto coniugale. I due approcci del celibato, escatologico (affettivo) e apostolico (servizio agli altri), sono in realtà le due facce della stessa moneta, giacché ogni decisione di vita da celibe per il Regno di Dio include aspetti affettivi e di servizio, perché il genuino amore a Dio si manifesta sempre in un amore agli altri.

Tuttavia, il significato più importante del celibato spirituale è quello affettivo, «far piacere a Dio». La ragione ultima di optare per una dedicazione esclusiva a Dio – anziché seguire la via del matrimonio – consiste nel dedicargli per intero la nostra mente e il nostro cuore, nel concentrare la nostra capacità di amare in Colui che definisce Sé stesso Amore. L'essere umano è creato per amare, come dice molto bene sant'Agostino nelle Confessioni: «Perché tu ci hai fatti per Te e il nostro cuore non ha pace finché non riposa in Te» (397-400 1, 1). Il celibato arricchisce la nostra anima se ci rende più idonei ad amare e ad essere amati. Contrariamente al luogo comune dello scapolone, arido ed egoista, che ha trascorso l'intera sua vita con se stesso, la persona che ha scelto il celibato spirituale deve farlo prima di ogni altra cosa per concentrare tutte le proprie energie nell'amare Dio con maggiore intensità e, come conseguenza, nell'amare di più tutti quelli che frequenta.

Può darsi benissimo che una persona sposata ami Dio magari molto più di una celibe, ma non c'è dubbio che qualunque persona aumenta la propria capacità di amare un altro se lo fa in modo esclusivo. Questo è una delle basi teologiche della eccellenza del celibato spirituale, in accordo con il brano di san Paolo che abbiamo commentato in precedenza:

> *Chi è sposato si preoccupa delle cose del mondo, come possa piacere alla moglie, e si trova diviso! Così la donna non sposata, come la vergine, si preoccupa delle cose del Signore, per essere santa nel corpo e nello spirito; la donna sposata invece si preoccupa delle cose del mondo, come possa piacere al marito* (1 Cor 7, 33-34).

In definitiva, il celibe si sforza di piacere a Dio entrando in una intimità con Lui che lo porta a una relazione esclusiva, per cui mette il meglio di sé nell'amare Dio e lasciarsi amare da Lui. La chiave sta nel mettere il cuore indiviso in Dio (e attraverso Lui nelle altre creature), nel mettere il principale impegno nel far piacere a Dio. Questo testo paolino è stato ampiamente commentato da san Giovanni Paolo II nella sua catechesi sul celibato. In quel testo fa notare che la parola *piacere*, nella Scrittura, ha un significato molto profondo, perché comprende tutto il campo della relazione personale dell'uomo con Dio.

> *"Piacere a Dio" - l'espressione si trova in antichi libri della Bibbia - è sinonimo di vita nella grazia di Dio, ed esprime l'atteggiamento di colui che cerca Dio, ossia di chi si comporta secondo la sua volontà, così da essergli gradito. In uno degli ultimi libri della Sacra Scrittura questa espressione diventa una sintesi teologica della santità. San Giovanni la applica una sola volta a Cristo: "Io faccio sempre le cose che gli (al Padre) sono gradite"* (*Gv* 8, 29). *San Paolo osserva nella lettera ai Romani che Cristo "non cercò di piacere a se stesso"* (*Rm* 15, 3) (Giovanni Paolo II, 1982a, 9).

Quando uno si dedica in esclusiva a un qualsiasi ideale nobile, avrà una maggiore affinità con tutto ciò che riguarda questo ideale, e sarà più disposto ad affrontare i sacrifici necessari per proseguire nel praticarlo. Per esempio, se uno vuol essere un buon musicista, dedicherà molte ore della sua giornata a far pratica con lo strumento che ha scelto, ma questo sacrificio sarà poi ricompensato dal godimento della musica che sarà capace di tirar fuori dal suo strumento. Chi sale su un monte, poi sarà ricompensato da una splendida veduta o dal traguardo raggiunto. Per suonare uno strumento o per essere un alpinista non occorre una esclusività, che invece è indispensabile per non fare certe cose che, se per un verso potrebbero dargli una soddisfazione, dall'altra lo allontanerebbero dal suo obiettivo principale. Uno potrebbe suonare altri strumenti o praticare altri sport, ma correrebbe il rischio di perdere scioltezza in ciò in cui si era proposto di spiccare.

Si solito un celibe ha più tempo per compiere quelle pratiche spirituali che lo avvicinino di più a Dio, che lo facciano crescere nella sua vita interiore, ma senza perdere di vista che il protagonista non è la nostra iniziativa, ma la scelta di vita che Dio ci ha proposto e noi abbiamo accettato liberamente. Come abbiamo già detto, la ragione ultima del celibato cristiano non è quella di conseguire una maggiore eccellenza spirituale, ma di rispondere a una chiamata di Dio che ci invita a una maggiore intimità con Lui, a un amore più esclusivo. Il celibato spirituale è orientato all'intima unione con Dio. Lo afferma molto bene san Giovanni della Croce, che ne aveva avuto prova nella propria vita da celibe:

> *L'alma mia s'è data*
> *con tutta la ricchezza al suo servizio;*
> *non pasco più le greggi,*
> *non ho più altro uffizio:*
> *solo in amar è il mio esercizio* (San Giovanni della Croce, 1578, 19).

È possibile amare Dio che non vediamo? Noi esseri umani siamo le uniche creature allo stesso tempo materiali e spirituali, per cui il nostro amore ha anche una componente corporea, che è molto nobile essendo stata creata da Dio, ma che a volte offusca lo spirito. Senza disprezzare il corpo, che fa anche parte del nostro io, l'amore sarà tanto più elevato, più nobile, quanto più sarà spirituale. Questo si applica all'ordine umano: gli sposi si amano di più quando il loro amore si indirizza a tutta la persona del coniuge, non solo al suo corpo, ma anche al suo carattere, al suo modo di essere, alle sue conoscenze, ai suoi interessi.

È molto commovente vedere certe coppie di anziani che in estate passeggiano insieme, guardandosi con un amore rafforzato dal tempo, con una solidità che si è stabilita lentamente. Sono persone che si amano profondamente, anche se forse l'attrazione fisica si è attenuata, con un amore sicuramente più nobile perché è soprattutto spirituale, che evidenzia molto più ciò che dà che non ciò che riceve. Alcuni anni fa mi hanno raccontato che due amici ormai anziani si sono incontrati per puro caso. Dopo i saluti e una breve conversazione, uno di loro si scusò dicendo che aveva un appuntamento con sua moglie alle dieci del mattino e non voleva arrivare in ritardo. Disse anche all'amico che sua moglie era ricoverata in un reparto ospedaliero tormentata dall'Alzheimer.

— Allora – gli disse l'amico, forse con poca delicatezza - . non preoccuparti perché non si renderà conto del ritardo, e neppure saprà chi sei.

— Sì – rispose il primo -, probabilmente lei non se ne renderà conto di chi sono io, ma io mi rendo conto chiaramente di chi è lei.

È un esempio di amore spirituale, sublimato nel dolore, che sicuramente unisce questi coniugi molto più che altre situazioni gioiose. Allo stesso modo, l'amore del celibe a Dio è un amore spirituale, ma altrettanto reale di un amore esistente tra coniugi, o nelle relazioni familiari o di amicizia.

Un uomo può amare Dio con la stessa intensità con cui ama una donna o una donna ama un uomo? Con le limitazioni dovute alla nostra corporalità, e sapendo che si manifestano in modo diverso, credo di sì. L'amore a Dio colma la vita spirituale dell'anima di un celibe. Questo richiede un ricorso assiduo alla preghiera, ai sacramenti, e soprattutto all'Eucaristia. Per innamorarsi di qualcuno è necessario avere un rapporto intenso, conoscerlo ed essere conosciuto, ascoltarlo ed essere ascoltato, ricevere e darsi... Dio ci ha amato per primo, con un amore incondizionato, che passa sopra ai nostri difetti e alle nostre imperfezioni, che Egli conosce bene. Ci ama tanto che ha dato la sua vita per noi sulla Croce. Dio ascolta la nostra preghiera, ci stimola ad essere migliori, ci entusiasma con nuove mete, ci apre nuovi orizzonti, ci dà la vita – ogni mattina, col il miracolo del risveglio – e, inoltre, ci dà la Sua Vita, ogni giorno, nell'Eucaristia.

Amiamo coloro che frequentiamo, con i quali stiamo con piacere, ma non possiamo stare sempre con le persone che amiamo. Viaggi, malattie, la morte... ci separano, però Dio è sempre lì, continuamente accanto a noi. Ci accompagna nei viaggi, è l'amico che non tradisce mai, colui che ci tiene compagnia nella malattia, che si rallegra con noi e con noi si affligge.

«Cerca Cristo, trova Cristo, ama Cristo», consigliava san Josemaría. Il consiglio vale per tutti i cristiani, ma l'anima di un celibe gli dedica i suoi sforzi migliori, il suo tempo migliore. Non ha fretta nel cercare, non ha un altro luogo dove trovare, un altro amore che lo distragga...

Quando un'anima s'imbarca in questa avventura spirituale, quando ha piena fiducia in Dio, dedicandogli il meglio delle sue conoscenze e dei suoi affetti, riceve dal Signore un amore molto profondo, perché Egli riempie completamente il cuore dell'uomo. Chi si dà a Dio pienamente, avendo ricevuto questa chiamata, troverà un'assoluta felicità, perché troverà Dio stesso.

> — *Perché ci dovremmo dare completamente a Dio?* – si domandava santa Teresa di Calcutta, nell'istruire le sue figlie spirituali -. E rispondeva:
>
> — *Perché Dio a noi ha dato Sé stesso. Se Dio, che non ci deve nulla, è disposto a darci nientemeno che Sé stesso, risponderemo solo con una piccola parte di noi? Darci completamente a Dio è un mezzo per ricevere Dio stesso* (santa Teresa di Calcutta, 1989, 48).

In realtà, col celibato spirituale non stiamo facendo un favore a Dio, ma piuttosto stiamo accogliendo con gioia l'essere stati scelti da Lui per avere il suo amore più presente. Così come Gesù scelse i dodici apostoli tra i cento – a volte mille – che lo seguivano, per istruirli più profondamente e vivere quotidianamente con loro. Così come scelse tre di essi (Pietro, Giacomo e Giovanni) perché stessero ancora più vicino a Lui in alcuni dei momenti più cruciali della sua vita (Trasfigurazione, Orazione nell'Orto...). In questo stesso modo Dio sceglie l'anima per il celibato per averla più vicina a sé, per sentire più profondamente la sua vicinanza. Un'anima che cerca di corrispondere a questo Amore, possiede un ancoraggio interiore che può far fronte a tutte le tempeste. Come si è espressa splendidamente santa Teresa di Gesù (*Pazienza nelle avversità*):

> *Nulla ti turbi,*
> *nulla ti spaventi;*
> *tutto passa,*
> *Dio non cambia.*
> *La pazienza tutto ottiene;*
> *chi Dio ha,*
> *di nulla manca:*
> *solo Dio basta.*

3.3 Vivere solo perché gli altri non lo siano

Quando cominciavo a elaborare questo libro ho avuto l'occasione di parlare con un noto teologo, meritevole di grande stima. Con molta amabilità ha letto la scaletta iniziale che avevo preparato e la sua attenzione è rimasta colpita dal fatto che usassi spesso il termine *spirituale* per definire il celibato al quale volevo riferirmi in queste pagine. Mi sono reso conto che per uno specialista il termine *spirituale* ha un significato un po' diverso da quello che si utilizza di solito. Per me, e così lo utilizzo in questo libro, il termine riguarda la motivazione che dà senso al celibato. Mettendo da parte una scelta di vita da celibe basata soprattutto su motivi professionali, sociologici o sociali, io mi sto occupando di un celibato basato su una motivazione spirituale: l'amore a Dio, come primo obiettivo, e al prossimo attraverso Lui, come secondo. Secondo il mio interlocutore, il termine *spirituale* applicato al celibato potrebbe essere interpretato anche come se si stesse sostenendo una scelta di vita orientata principalmente alla ricerca della propria perfezione spirituale, in modo simile a colui che volesse dedicare la propria vita a coltivare la filosofia, la musica o qualunque altro sapere. Ho già cercato di chiarire nelle pagine precedenti che il celibato cristiano è una risposta a un dono che è al di sopra di noi. Non si tratta di una iniziativa della persona celibe, ma di Dio che chiama, e inoltre lo fa sempre nell'ambito di un servizio agli altri, per cui non avrebbe senso una interpretazione del celibato incentrato su sé stesso, sul beneficio personale, fosse pure spirituale.

Per questo motivo, in queste pagine ho utilizzato anche altri termini per definire il celibato che mi interessa: cristiano, per differenziarlo da altri celibati spirituali, come quello indù, buddista o giainista; e laicale, per indicare una condizione di vita da celibe in mezzo al mondo, senza che sia necessaria una consacrazione sacerdotale o religiosa. Questi aggettivi si integrano con un altro che nel cristianesimo è alla radice di qualunque celibato: apostolico; perché ogni celibato è orientato, in un modo o nell'altro, a testimoniare l'amore di Dio verso gli altri. Non si deve dimenticare mai il contesto nel quale Gesù Cristo propone il celibato come scelta di vita, precisando che coloro che scelgono questa via lo fanno «per il Regno dei cieli» (Mt 19, 12). Un celibato che non fosse indirizzato, in un modo o in un altro, a diffondere la «Buona Novella» del Vangelo, a collaborare al perfezionamento del Regno di Dio nel mondo e alla preparazione di quello futuro, non sarebbe cristiano. Come abbiamo visto, il celibato si aggancia al sacerdozio comune dei fedeli (López Díaz, 2012), al diritto e al dovere che ci conferisce il Battesimo di contribuire alla semina del messaggio e della testimonianza di Gesù Cristo lì dove ognuno si trova. Parlare di Dio ai nostri amici, mostrare a ognuno l'Amore che Egli ha per ogni persona, non è qualcosa che si aggiunge alla vocazione cristiana, ma ne costituisce la parte essenziale.

L'amore a Dio non è autentico se non si apre a tutte le creature, perché la carità è la prima e principale virtù del cristianesimo. Amore a Dio e amore agli altri sono intimamente uniti, come ci mostra con estrema chiarezza san Giovanni, l'apostolo celibe che frequentò più intimamente Gesù:

> *Se uno dicesse: "Io amo Dio", e odiasse il suo fratello, è un mentitore. Chi infatti non ama il proprio fratello che vede, non può amare Dio che non vede (1 Gv 4, 20).*

L'amore a Dio non può essere egoista; dà se stesso si espande verso gli altri. È come una sorgente da cui sgorga acqua in abbondanza, inondando i terreni circostanti. Se la motivazione del celibato fosse il proprio perfezionamento spirituale, il carattere di servizio agli altri resterebbe relegato a un piano secondario, o addirittura potrebbe non essere necessario. Uno, per esempio, potrebbe fare un corso di buddismo tibetano e scegliere un celibato temporaneo o definitivo seguendo queste pratiche spirituali per raggiungere, per esempio, una maggiore serenità interiore. Senza disprezzare questo tipo di pratiche spirituali, il cammino del celibe cristiano non va in questa direzione, perché in un modo o nell'altro si rivolge sempre agli altri. "*Dio non chiama nessuno unicamente per sé stesso*", ha lasciato scritto santa Edith Stein, filosofa ebrea, poi convertita al cattolicesimo, monaca carmelitana e infine martire dell'odio nazista. La vocazione al celibato cristiano, in ognuna delle tre accezioni che conosciamo (sacerdotale, religioso o laico), è orientata – come abbiamo appena ricordato – al compimento del Regno di Dio, e in questo compito mette alla prova la sua efficacia.

Si può avere una dedicazione più attiva, o anche esclusiva, all'attività apostolica, come è il caso dei sacerdoti e dei missionari che dedicano l'intera vita a predicare il Vangelo, magari trasferendosi in altri paesi o regioni che non hanno mai ricevuto il messaggio cristiano. All'«estremo» contrario troviamo un orientamento apostolico più silenzioso, quello che realizzano i religiosi di clausura, che dedicano tutto il loro tempo a implorare Dio per il bene degli altri uomini. Benché vivano in solitudine, la preghiera e la mortificazione di questi religiosi sono indirizzate alle necessità del mondo intero. Senza uscire dal loro convento, possono paradossalmente essere anime molto missionarie, innaffiando con la loro preghiera e la loro mortificazione il seme del Vangelo che altri spargono. Infatti, la patrona delle missioni è santa Teresa del Bambino Gesù, che entrò ad appena 15 anni nel Carmelo di Lisieux e non uscì dal convento fino alla morte, nove anni dopo.

Nelle prime ore del mattino ho l'abitudine di andare alla Santa Messa in un piccolo convento di clarisse nella città dove lavoro. Ascolto le monache nelle loro preghiere del mattino, con la recita delle laudi, alle quali seguono alcune suppliche che fanno ad alta voce. Mi commuove ascoltare una di esse che chiede sempre: «per le necessità delle persone che si affidano alle nostre preghiere». È molto consolante rendersi conto che anch'esse, nella loro clausura, sanno con chiarezza che si trovano lì per la salvezza di tutti, benché abitualmente non abbiano contatti con le persone per le quali pregano. Esse si trovano lì non solo per perfezionare se stesse, ma anche per portare sulle loro spalle le necessità spirituali degli altri.

La gratitudine è la più bella caratteristica della verginità. I cristiani vergini, uomini e donne, imitano questa gratitudine quando amano e si prendono cura dei bambini che non hanno concepito, quando assistono i malati o le persone anziane di altre famiglie e – specialmente nel caso di altre persone consacrate nei monasteri – quando portano il peso dei peccati degli altri, portandoli alla presenza di Dio in intercessione per il mondo (Cantalamessa, 2005, 17).

Per ciò che si riferisce al celibato dei laici, questo orientamento apostolico dovrebbe essere presente in tutte le loro attività professionali o sociali, naturalmente evitando di convertirle in strumento di predicazione. La maggiore disponibilità di tempo permette loro di dedicare più intensamente la loro vita ad accudire gli altri, per cui in realtà il celibato diventa un dono per il mondo. Il celibe non è tale per avere una vita più comoda, per organizzare la propria agenda senza l'interferenza di un coniuge o di figli che possano limitarlo. Questo equivarrebbe a una semplice vita da scapolo, ma non potrebbe mai essere un celibato apostolico che è per se stesso un ininterrotto servizio.

Ricordo chiaramente un'espressione utilizzata da san Giovanni Paolo II in un colloquio con il pensatore francese André Frossard, pubblicata all'inizio del suo pontificato. Riferendosi al celibato sacerdotale – ma credo che si possa applicare a qualsiasi celibato cristiano -, il santo Padre diceva che il celibe «esiste soltanto affinché gli altri non lo siano» (Frossard e Giovanni Paolo II, 1982). Non esiste solo perché ha paura del mondo, perché è incapace di coltivare rapporti con gli altri o perché preferisce «tenere tutto sotto controllo», dipendendo esclusivamente dal proprio criterio. No; esiste solo perché tutte le persone che lo trattano sentano vicino l'amore di Dio, perché Gesù si faccia presente negli ambienti in cui quest'anima è presente, e anche in quelli che non hanno mai sentito parlare di Gesù o che di Lui hanno soltanto un'immagine distorta.

Alcuni anni fa Papa Benederro XVI chiedeva ai giovani tedeschi di essere generosi offrendo sé stessi agli altri, usando i talenti che ognuno ha come energia spirituale per illuminare i propri amici:

Abbiate il coraggio di impegnare i vostri talenti e le vostre doti per il Regno di Dio e di donare voi stessi - come la cera della candela – affinché per vostro mezzo il Signore illumini il buio (Benedetto XVI, 2011).

È una bella immagine. La cera si consuma illuminando altri, si esaurisce dando luce, e così adempie la sua funzione più importante. Anche l'anima del celibe si consuma dandosi agli altri, facendosi portatrice dell'amore del Signore a tutte le anime. Proprio dalla sua generosità, da questo darsi, ricava la sua gioia principale. Viceversa, se si limitasse a se stessa, la cera servirebbe a ben poco, se consumerebbe senza un senso e l'ambiente resterebbe al buio.

La dedicazione di tempo e di energie che l'anima di un celibe può riservare agli altri, si realizzerà su fronti molto diversi. Possono essere attività di formazione (umana, dottrinale-religiosa, spirituale), attività educative, servizi assistenziali o di accoglienza, promozione culturale o sindacale, ecc. Nella misura in cui si propongono di offrire agli altri l'amore di Dio, sono essenzialmente apostoliche. Non avrebbe molto senso che l'anima di un celibe utilizzasse la sua maggiore disponibilità di tempo per estendere la propria attività professionale o sociale, alla ricerca soprattutto di un proprio rilancio o della soddisfazione personale. La motivazione del celibato che stiamo esaminando qui non è di questa natura, ma è sostanzialmente orientata al servizio degli altri. La vocazione di celibe ricevuta da Dio può avere diverse sfaccettature nella vita dei laici, ma sembra comune a tutte che la dedizione agli altri prevalga sulla ricerca dei propri interessi.

Se la sua vita è orientata secondo questa concezione generosa, anche se il celibe laico alle volte può sentirsi solo (poi parleremo dell'esperienza di vita del celibato), supererà questa inerzia negativa ricordando che la sua scelta di vita risponde a una chiamata dell'amore di Dio - che mai ci lascia soli – ed è orientata a stare con coloro che si sentono soli perché non hanno saggiato l'amore che Dio ha per loro. Questo, a mio modo di vedere, è il significato della frase di san Giovanni Paolo II: «Rimanere soli affinché gli altri non lo siano», che può dare un senso a molti celibi quando nella loro vita dovesse apparire qualche nuvolone.

D'altra parte, non dobbiamo dimenticare che la dedicazione del celibe viene fatta a un Dio molto generoso, che ripaga abbondantemente qualsiasi offerta gli facciamo; se quello che gli offriamo è di grande valore, di valore ancora più grande sarà la ricompensa. È lo stesso Gesù a prometterlo agli apostoli rispondendo alle preoccupazioni di Pietro:

> *Allora Pietro prendendo la parola disse: "Ecco, noi abbiamo lasciato tutto e ti abbiamo seguito; che cosa dunque ne otterremo?". E Gesù disse loro: "In verità vi dico: voi che mi avete seguito, nella nuova creazione, quando il Figlio dell'uomo sarà seduto sul trono della sua gloria, siederete anche voi su dodici troni a giudicare le dodici tribù di Israele. Chiunque avrà lasciato case, o fratelli, o sorelle, o padre, o madre, o figli, o campi per il mio nome, riceverà cento volte tanto e avrà in eredità la vita eterna"* (Mt 19, 27-29).

Alcuni anni fa un amico mi diceva che gli sembrava un po' da egoisti il fatto che noi cristiani ci muoviamo sperando nel Cielo e che bisognerebbe comportarsi bene indipendentemente dalla destinazione finale della nostra vita. In realtà sembrava che non capisse il significato della virtù della speranza, che ci risolleva nei momenti di maggior debolezza. Non c'è dubbio che la motivazione principale di ogni cristiano dovrebbe essere l'Amore che Dio ha per noi e l'amore che noi dimostriamo a Dio e agli altri per mezzo di Lui. La Speranza è la seconda virtù teologale, condizione per la Carità, ed è ottima cosa coltivarla nella nostra vita. Il celibe conosce bene la difficoltà di rinunciare a soddisfazioni che attraggono ogni essere umano, non solo quando ha preso la decisione ma ogni giorno, quando si rendono evidenti le limitazioni che comporta una donazione completa, e inoltre tiene presente la promessa di Gesù, che suole attuarsi nella sua vita attraverso una gioia stabile, frutto della stessa donazione. Il Signore è un buon pagatore (al cento per uno): promette più di qualunque banchiere della terra, e del resto qui non ci sono fallimenti possibili.

3.4 L'influenza sociale del celibe

Alcuni mesi fa ho letto un libro sull'evoluzione umana, gentilmente donatomi da un collega di dipartimento per il quale nutro una grande ammirazione professionale oltre che una incipiente amicizia. Nel libro passa in rassegna le fasi dell'evoluzione della nostra specie, a partire da altre più primitive. Arrivato all'evoluzione propriamente biologica, frutto di combinazioni che si possono considerare più o meno casuali (naturalmente noi cristiani pensiamo che non siano del tutto casuali), mette in evidenza anche l'importanza dell'evoluzione culturale, vale a dire l'adozione di abiti sociali da parte di determinati gruppi, e questo ha permesso di fare straordinari salti nella traiettoria evolutiva della nostra specie, cosa che, alla fine, ci differenzia nettamente da ogni altra. Tra questi abiti c'è l'assistenza agli individui più deboli del gruppo. Per esempio, nei diversi resti fossili di Atapuerca, dove il mio amico ha lavorato per parecchi anni, sono stati trovati chiari indizi che la tribù si prendeva cura degli individui malati o con serie malformazioni. Questo non corrisponde al modello di evoluzione darwiniana (dove prevale il più forte); anzi, sembra confermare che siamo qualcosa di più di una semplice combinazione aleatoria di geni e che il nostro processo evolutivo non solo è marcato dalla Biologia ma anche dalla Cultura. In realtà il carattere sociale della nostra specie è imprescindibile per la sua sopravvivenza. In termini biologici, siamo uno degli animali più deboli: nasciamo e viviamo i nostri primi anni completamente dipendenti dalle attenzioni della nostra famiglia, e lo stesso accade al crepuscolo della nostra vita. Quando i sostenitori dell'aborto difendono la possibilità di applicarlo fino al terzo mese affermando che prima il feto non è autonomo (dipende completamente da sua madre), dovremmo informarli che un bambino non è autonomo fino ai 7-8 anni di età: prima è pienamente dipendente dai genitori e dal suo ambiente sociale: questo è un motivo per eliminarlo?

Mi sono permesso questa piccola digressione per sottolineare l'importanza del fattore relazionale nell'essere umano. Tutti abbiamo bisogno degli altri e, allo stesso tempo, aiutiamo gli altri. Nell'ambito spirituale questo è testimoniato nel dogma cattolico della Comunione dei Santi, che ricordiamo quando recitiamo il Credo. In poche parole, questo vuol dire che la nostra lotta per far piacere a Dio si ripercuote molto positivamente sul resto della Chiesa e, viceversa, le nostre cadute la danneggiano. Dalla nostra delicatezza interiore nel corrispondere alle grazie che Dio ci dà, dalla generosità con cui la nostra vita sia un continuo sì a ciò che ci chiedono Dio e le persone delle quali ci prendiamo cura per Lui, dipendono molte cose per il resto della Chiesa, e anche per la società nella quale viviamo. Nei momenti di debolezza, quando può costare un po' più la lotta per essere fedele agli impegni presi con Dio, può darci molta forza la considerazione che sono molte le persone – che sicuramente non conosceremo mai – che in un modo o nell'altro dipendono dalla nostra stessa fedeltà alla vocazione ricevuta.

In questo senso, ritengo particolarmente significativo un paragrafo del libro dell'Esodo. Il vecchio Mosè contempla da una collina la battaglia che il popolo d'Israele sta per sferrare contro gli amaleciti e dà a Giosuè le seguenti istruzioni: «Scegli per noi alcuni uomini ed esci in battaglia contro Amalek. Domani io starò ritto sulla cima del colle con in mano il bastone di Dio». Nei versetti che seguono ci viene narrato l'esito della battaglia:

> *Giosuè eseguì quanto gli aveva ordinato Mosè per combattere contro Amalek, mentre Mosè, Aronne e Cur salirono sulla cima del colle. Quando Mosè alzava le mani, Israele era il più forte, ma quando le lasciava cadere, era più forte Amalek. Poiché Mosè sentiva pesare le mani dalla stanchezza, presero una pietra, la collocarono sotto di lui ed egli vi sedette, mentre Aronne e Cur, uno da un parte e l'altro dall'altra, sostenevano le sue mani. Così le sue mani rimasero ferme fino al tramonto del sole. Giosuè sconfisse Amalek e il suo popolo passandoli poi a fil di spada* (Es 17, 10-13).

Mosè era certamente un leader di grande rilievo per il popolo, ma il suo atto – alzare le braccia – sembrava aver poco a vedere con l'esito della battaglia, eppure risultò una parte essenziale. Dalla fedeltà di ciascuno alla propria missione dipendeva il successo degli altri. Come in questo episodio dell'Esodo, dove lo sforzo di Mosè sembra non avere nessuna relazione con la capacità bellica del popolo d'Israele, il celibe potrebbe essere preso dalla tentazione di pensare che la sua lotta abbia una scarsa ripercussione sul miglioramento spirituale degli altri (a volte anche del proprio) e si lasci trascinare dalla stanchezza, come accadde a Mosè quando abbassava le braccia. In questa circostanza può avere la tentazione di essere meno generoso o di non perseguire quella vittoria che il Signore gli chiede in un determinato momento. Se è consapevole delle conseguenze delle sue azioni, della ripercussione della sua lotta su quella che ingaggiano altri cristiani in ogni parte del mondo, può darsi che trovi nuovi significati, nuove motivazioni per continuare a impegnarsi. Dal dogma della Comunione dei Santi sappiamo che la lotta interiore per essere migliori, le virtù che pratichiamo, tutto si riflette in bene di tutta la Chiesa, in grazie che raggiungono gli altri fedeli e, assai spesso, li fortificano con il buon esempio.

«In un certo qual modo la sofferenza non è più sofferenza nel momento in cui trova un significato» affermava Victor Frankl (1979, 158). Il significato della vita del celibe è in primo luogo soprannaturale – risposta a una chiamata divina -, però può aiutarlo molto anche la considerazione del gran bene che la sua vita sta facendo ad altre persone, benché a volte sembri che il suo impatto sia assai limitato. A parte altri ragionamenti più elevati, in certi momenti di particolare sconforto mi sembra molto opportuno ricordare il film di Frank Capra: *La vita è meravigliosa* (1946), che in fondo è una straordinaria allegoria intorno al significato ultimo di tutte e di ciascuna delle vite che si cerca di vivere con generosità. Allo scoraggiamento del protagonista, che sta esaminando la possibilità di suicidarsi in un momento in cui si sente oppresso da una serie di difficoltà, Dio risponde inviandogli un angelo nelle vesti di un pacifico anziano, che gli mostra che cosa sarebbe successo nella sua città se egli non fosse esistito. Credo che tutti noi, a un certo punto della nostra vita, dovremmo riflettere su questa stessa questione: la quantità di cose buone che sono successe grazie alla nostra fedeltà. Molte di esse non le conosceremo mai in questa vita, di altre verremo a conoscenza indirettamente, magari dopo anni, ma dovremmo essere convinti che qualunque cosa si faccia per Dio e, con rettitudine d'intenzione, per gli altri, non finisce mai nel vuoto. Come dice la Sacra Scrittura, «I miei eletti [...] non faticheranno invano» (Is 65, 22-23).

Riassumendo, con gli occhi della fede l'anima del celibe non dovrebbe perdere di vista gli effetti stupendi della sua fedeltà a ciò che il Signore gli chiederà in ogni momento, sia nell'impatto diretto su coloro che tratta, sia su coloro che ricevono le grazie che queste vittorie portano con sé sul resto della Chiesa. Attraverso la Comunione dei Santi, Dio benedice i nostri piccoli tentativi, che finiscono col fecondare la lotta spirituale di altre persone, per cui ogni vittoria non solo è nostra, ma, in qualche modo, della Chiesa nel suo insieme. Questo ci richiama al senso di responsabilità, a non «consentirci» infedeltà che non solo raffreddano la nostra natura spirituale, ma anche quella di coloro che stiamo tentando di aiutare e in fin dei conti di tutti i cattolici. Eccone un ottimo riassunto in questa considerazione di san Josemaría:

> *Dal fatto che tu e io ci comportiamo come Dio vuole – non dimenticarlo – dipendono molte cose grandi* (San Josemaría Escrivá, 1939, n. 755).

Mi viene ora in mente un altro film, *Braveheart*, che narra la lotta per l'indipendenza della Scozia nel XIII sec. La rivolta dei contadini guidata da William Wallace, che andò in fumo per il tradimento degli stessi nobili scozzesi. Da teorici capi della nazione, finirono col ridursi a complici dei dominatori. Pur nei limiti di un esempio, questo non può accadere nella vita di un celibe: sarebbe deludente che, proprio da chi ci si aspetta il maggior impegno nella lotta per la santità, venisse un esempio di vita conciliante, grossolano o direttamente infedele.

In definitiva, un terzo motivo a favore del celibato cristiano – in questo caso comune a laici, sacerdoti e religiosi – sarebbe la dimensione sociale di questa vocazione divina. Dalla sua fedeltà a una dedicazione completa dipende in buona parte la fedeltà di molte coppie di coniugi cristiani, oltre che la salute spirituale della Chiesa della quale tutti, sposati e celibi, facciamo parte.

3.5 Celibato e matrimonio

Il matrimonio è uno dei sette sacramenti istituiti da Gesù Cristo come canali della sua Grazia, ed è un cammino di santità per la maggior parte dei fedeli cristiani. La presenza di Gesù alle nozze di Cana, come ci narra san Giovanni (2, 1-11), e i suoi molteplici riferimenti alle nozze come immagine del Regno dei Cieli (cfr. Mt 9, 15; Mt 22, 2; Mt 25, 10; Mc 2, 9; Lc 5, 34) sono testimonianze evidenti del suo apprezzamento del matrimonio. Anche nei riferimenti che comprendono gli altri scritti del Nuovo Testamento appare evidente la valutazione che i primi cristiani fanno del matrimonio, che san Paolo presenta come immagine della donazione di Gesù Cristo alla sua Chiesa (cfr. Ef 5, 32), seguendo la tradizione veterotestamentaria nella quale il matrimonio era una immagine dell'Alleanza di Yahvé con il popolo eletto. La lettera agli Ebrei raccomanda ai cristiani convertiti al giudaismo che «il matrimonio sia rispettato da tutti e il talamo sia senza macchia; i fornicatori e gli adulteri saranno giudicati da Dio» (Eb 13, 4).

Una delle prime eresie dei cristiani è lo gnosticismo, che acquista maggior forza nel II sec., ma che era già latente quando san Giovanni scrive il suo vangelo. Per questo motivo si sforza di presentare Gesù come vero Dio e vero uomo («E il Verbo si fece carne»: Gv 1, 14), mostrando i tratti più «umani» del suo carattere: piange per la morte di Lazzaro, riposa dalla fatica al pozzo di Sicar, si adira contro i mercanti del Tempio, festeggia con gli sposi le nozze di Cana... Infine, dopo la morte, lo stesso evangelista ci dice che dal suo costato uscì sangue e acqua, per rimarcare in modo palmare la portata del suo sacrificio, anche nella sua corporalità. Per gli gnostici, esiste una dualità tra spirito e materia, anima e corpo, e solo attraverso la sublimazione dello spirito si può progredire nell'unione con Dio. Il corpo e tutto ciò che è corporeo sono un ostacolo al cammino spirituale e sono legati al male e al peccato. Pertanto Gesù non poteva avere realmente un corpo, ma si manifestava corporalmente mediante un corpo apparente (docetismo). Se ciò che era corporeo dava origine al peccato, la liberazione dalla materia sarebbe il cammino della perfezione spirituale, per cui queste dottrine gnostiche propugnavano un modo di vivere basato sullo stretto ascetismo e sul disprezzo di tutto ciò che è corporeo.

Secondo questa concezione il matrimonio era considerato un cammino adatto solo agli imperfetti, dato che era intrinsecamente contaminato.

Naturalmente tale concezione fu dichiarata eretica dalla Chiesa, trattandosi di una deviazione incompatibile con il messaggio di Gesù. In verità, nei primi tempi del cristianesimo alcuni autori lodarono la verginità contrapponendola al matrimonio, come se quest'ultimo fosse unicamente una concessione alla concupiscenza. Alcuni di questi autori, come nel caso di Tertulliano, finirono con l'allontanarsi dall'ortodossia. Constatati questi eccessi, i padri della Chiesa dichiararono che il matrimonio è una cosa buona e la verginità è ancora meglio, e che entrambi sono perfettamente compatibili con la santità. Lo dichiara senza mezzi termini Clemente di Alessandria che così si esprime:

> *Come colei che, non sposata, pensa alle cose del Signore per essere santa nel corpo e nello spirito, così anche colei che si è sposata si occupa, nel Signore, sia delle cose del marito sia delle cose del Signore, per essere santa nel corpo e nello spirito. Entrambe, in effetti, sono sante nel Signore, una come sposa e l'altra come vergine* (Stromata III, 190-210, 88, 2-3).

Se Gesù non si fosse incarnato, la redenzione dell'essere umano non sarebbe avvenuta e saremmo ancora sotto il peso del peccato originale. Al contrario, dato che Cristo si è fatto uomo, carne, materia, allora qualunque realtà materiale onesta ha anche un certo valore spirituale. In tal senso, è possibile parlare di un materialismo cristiano, di una valorizzazione di ciò che è materiale come parte costitutiva della nostra vocazione soprannaturale. L'espressione *materialismo cristiano* è stata proposta da san Josemaría Escrivá, uno dei principali pionieri della valorizzazione che il cattolicesimo contemporaneo fa delle realtà materiali, in una omelia che porta il significativo titolo di "*Amare il mondo appassionatamente*". In essa affermava:

> *Il senso cristiano autentico – che professa la risurrezione della carne – si è sempre opposto, come è logico, alla* disincarnazione*, senza tema di essere tacciato di materialismo. È consentito, pertanto, parlare di un* materialismo cristiano*, che si oppone audacemente ai materialismi chiusi allo spirito* (San Josemaría Escrivá, 1968, n. 115).

Pertanto, disprezzare ciò che è materiale significa, in sostanza, disprezzare l'Incarnazione di Gesù Cristo, il fatto che abbia assunto la natura umana.

A rigore, l'influenza dello gnosticismo nella Chiesa è durato pochi secoli, ma le tendenze che potremmo chiamare «spiritualizzanti» (nel cattivo senso della parola, di disprezzo di ciò che è corporeo) sono comparse ciclicamente nel cristianesimo sotto forme diverse (montaniste, bogomiliste, catari...). Una caratteristica comune a tutte queste tendenze è stato il disprezzo del matrimonio, come se si trattasse solamente di una concessione alla concupiscenza umana a fronte di quelli che dovessero scegliere un cammino spirituale più perfetto nel celibato. Anche in epoca molto recente, negli anni quaranta del secolo scorso, molti rimanevano profondamente stupiti dalla predicazione di san Josemaría Escrivá, che parlava del matrimonio come di una vocazione divina, perché questo termine (vocazione) era considerato allora applicabile esclusivamente a coloro che sceglievano la vita sacerdotale o religiosa.

Come abbiamo visto nel capitolo precedente, la Chiesa ha tradizionalmente difeso la superiorità del carisma del celibato rispetto al matrimonio, ma lo ha fatto e continua a farlo non tanto tenuto conto della forma di vita che ognuno di essi comporta, ma «in ragione del legame del tutto singolare che esso ha con il Regno di Dio» (Giovanni Paolo II, 1981a, n. 16). Sulla stessa linea, Raniero Cantalamessa osserva che il celibato «non è ontologicamente più perfetto» del matrimonio,

> *ma è uno stato escatologicamente più avanzato, nel senso che è più simile al nostro stato definitivo, verso il quale tutti noi siamo incamminati. "Voi avete cominciato da ciò che tutti noi saremo", ha scritto san Cipriano alle prime vergini cristiane* (Cantalamessa, 2005, 7).

Di conseguenza, il celibato anticipa in qualche modo il Regno di Dio su questa terra, come suggerivano le parole di Gesù prima commentate, secondo le quali nella vita eterna «...non si prende né moglie né marito, ma si è come angeli nel cielo» (Mt 22, 30). Possiamo considerare più eccelso il carisma del celibato nella misura in cui mira a un obiettivo più alto (per il Regno dei Cieli), da un lato, e anticipa uno stato al quale tutti, celibi o meno, arriveremo (dopo la Risurrezione).

Questo non vuol dire che per il solo fatto di essere celibe una persona sia più santa di un'altra sposata: dipenderà dalla fedeltà della sua corrispondenza al carisma che entrambi hanno ricevuto. Naturalmente, la carità è al di sopra delle altre virtù, e se una persona vive con più amore a Dio e agli altri, sia celibe o sposata, sarà indubbiamente più santa. Sulla stessa linea si esprimeva un padre della Chiesa quando affermava: «La cosa più grande è l'amore e la misericordia: sono al di sopra del celibato» (San Giovanni Crisostomo, 390, 14-15).

D'altra parte, a me sembra che disprezzare il matrimonio sarebbe un modo deplorevole di difendere il celibato, fosse solo gonfiando le difficoltà che comporta la vita coniugale. Possono esserci scapoli che scelgono questo stato per evitare le fatiche della convivenza nel matrimonio o per essere più indipendenti, ma, come ho già detto, non è questo il senso del celibato cristiano. Rispondere a questo carisma significa rinunciare a formare una propria famiglia, dedicandosi completamente a Lui e a quelli che Egli ci affida perché siano assistiti. Non si sceglie la vita di celibe per evitare un eventuale coniuge fastidioso o una dedicazione ai figli che riduca la libertà di muoversi. Questo non è, non può essere, un argomento a favore del celibato, ma solo a favore dell'egoismo.

Scegliere la verginità per il Regno dei Cieli non vuol dire neppure disprezzare il piacere sessuale, che un cristiano considera santo nel suo orientamento coniugale, in quanto risponde al disegno di Dio per la trasmissione della vita. In poche parole, il celibato non è conseguenza di una reazione negativa, ma di una affermazione di vita: «Il celibato ci parla a favore di ciò che è un uomo, non contro ciò che è» (Weigel, 2002, 49).

Dal punto di vista teologico, il celibato e il matrimonio sono complementari e si sostengono a vicenda. Come afferma il Catechismo della Chiesa cattolica: «La stima della verginità per il Regno e il senso cristiano del Matrimonio sono inseparabili e si favoriscono reciprocamente» (CCC, 1620). Un celibe ha un'enorme stima della vocazione al matrimonio, delle gioie della vita in famiglia, della generazione e dell'allevamento dei figli: proprio per questo la rinuncia a queste cose stupende è tanto gradita a Dio:

> *Proprio perché nella concezione cristiana il matrimonio è considerato una cosa buona e un bene spirituale, proprio per questo, la verginità e il celibato sono belli e nobili. Se così non fosse, che merito avrebbe chi non si sposa se il matrimonio fosse una cosa cattiva o semplicemente pericolosa o sconsigliabile? Astenersene sarebbe solo un obbligo e nulla di più, come l'astenersi da qualsiasi occasione di peccato. Ma proprio perché il matrimonio è buono e bello, rinunciarvi per un motivo più nobile è ancora più bello* (Cantalamessa, 2005, 60).

Nel constatare lo straordinario dono della facoltà sessuale dell'essere umano, l'anima che sente la chiamata di Dio a offrirgli il sacrificio di questo piacere dimostra l'alta valutazione che ne fa e proprio per questo lo offre a Dio come primizia, perché è molto meritevole offrire a Dio il meglio di noi stessi. Il celibato non prevede che ci si allontani da ciò che si considera impuro, ma aiuta a sublimare una passione nobile, orientando l'affettività alla sua pienezza nell'amore di Dio, e la facoltà generativa al servizio agli altri, forgiando attraverso l'affetto e la dedizione generosa di tempo e di talenti molti figli dello spirito.

D'altra parte, la fedeltà dei celibi al loro carisma è immagine di quella che hanno tra loro i coniugi cristiani. Attraverso la Comunione dei Santi le due fedeltà s'intrecciano, e per questo san Giovanni Paolo II ci ricordava nella *Familiaris Consortio*:

> *Gli sposi cristiani hanno perciò il diritto di aspettarsi dalle persone vergini il buon esempio e la testimonianza della fedeltà alla loro vocazione fino alla morte. Come per gli sposi la fedeltà diventa talvolta difficile ed esige sacrificio,*

mortificazione e rinnegamento di sé, così può avvenire anche per le persone vergini. La fedeltà di queste, anche nella prova eventuale, deve edificare la fedeltà di quelli (Giovanni Paolo II, 1981a, n. 16).

Allo stesso modo, anche la fedeltà degli sposi deve corroborare la perseveranza dei celibi nel loro impegno d'amore. Non c'è dubbio che l'attuale crisi del matrimonio in Occidente riguarda tutti noi allo stesso modo, celibi e sposati, perché in fondo è una crisi di fiducia, in Dio che ci dà sempre la sua grazia per mantenerci fedeli all'impegno liberamente assunto e, nel caso del matrimonio, nel coniuge con il quale è stato iniziato questo percorso di vita. Un lavoro urgente è quello di rafforzare in ogni persona la consapevolezza di quanto sia importante essere fedeli all'impegno di vita liberamente assunto, e questo comporta uno sforzo quotidiano perché rimangano forti quei legami che costituiscono le fondamenta di questo impegno, sia per le persone sposate che per quelle celibi.

Un altro aspetto che collega direttamente il celibato e il matrimonio fa riferimento a una eventuale vocazione a una vita da celibe dei figli. I genitori cristiani dovrebbero apprezzare grandemente che i loro figli siano chiamati da Dio a una piena dedicazione al suo servizio nella vita sacerdotale, religiosa o laicale. Il Catechismo della Chiesa cattolica lo conferma esplicitamente:

I genitori accoglieranno e rispetteranno con gioia e rendimento di grazie la chiamata rivolta dal Signore a uno dei figli a seguirlo nella verginità per il Regno, nella vita consacrata o nel ministero sacerdotale (CCC 2233)

Per coloro che hanno chiaro in mente che il primo e più importante comandamento è l'amore a Dio con tutto il cuore, con tutta l'anima, con tutte le forze, la principale aspirazione per i loro figli, il più grande regalo che possono fargli è seminare in loro quello stesso amore a Dio che li induca a mantenersi fedeli a Lui nelle diverse fasi della vita. Se il Signore li chiama attraverso il carisma matrimoniale, benissimo; se lo fa attraverso una vita da celibe, va benissimo anche questo, perché quello che importa è la fedeltà a ciò che Dio chiede a ciascuno.

Certe volte questa libera decisione dei figli può non concordare con i progetti che i genitori hanno fatto per loro (proseguire l'attività di famiglia, imparentarsi con un'altra famiglia, ecc.), ma se hanno un certo concetto soprannaturale del loro compito, finiranno col riconoscere che è una grande gioia il fatto che Dio abbia scelto i loro figli per il suo servizio. Questa è l'esperienza che ci trasmette il fondatore dell'Opus Dei:

Quando dei genitori cattolici non comprendono tale vocazione, ritengo che abbiano fallito nella loro missione di formare una famiglia cristiana, e che non si siano nemmeno resi conto della dignità che il cristianesimo conferisce alla loro vocazione matrimoniale. Comunque, la mia esperienza nell'Opus Dei è molto positiva. Sono solito dire ai soci dell'Opera che il novanta per cento della loro vocazione lo devono ai genitori che li hanno saputi educare insegnando loro a essere generosi. Posso dirvi che, nella stragrande maggioranza dei casi – per non dire sempre – i genitori non solo rispettano, ma amano la decisione dei figli e vedono subito nell'Opera un ampliamento della loro famiglia. Questa è una delle mie gioie più grandi, ed è un'altra prova che per essere molto divini bisogna essere anche molto umani (San Josemaría Escrivá, 1968, n. 104).

D'altra parte, i coniugi cristiani svolgono un grande ruolo nel promuovere un ambiente familiare di pietà, che permetta ai figli di ricevere il carisma del celibato, che in ambienti diversi può essere molto complicato capire. Se i figli imparano fin da piccoli a frequentare Dio mediante semplici preghiere, ricorrendo ai sacramenti quando si ritenga opportuno; se formano la loro mente e il loro cuore con ideali cristiani; se vivono in modo naturale alcune virtù umane (generosità, laboriosità, fortezza...), sarà molto più facile che prendano lì il seme di una eventuale vocazione al celibato. È vero che le vie che Dio può utilizzare per evidenziare la sua chiamata sono molto diverse e sono molti i casi di persone che sono cresciute in ambiti familiari scristianizzati e sono finite col seguirle fedelmente, ma è anche chiaro che quando si stimola la pietà, la generosità e la fortezza, i ragazzi saranno meglio preparati ad assecondare la chiamata di Dio.

Nel viaggio apostolico da lui fatto in Giappone nel 1981, san Giovanni Paolo II invitava coloro che assistevano alla cerimonia di ordinazione sacerdotale là officiata a essere molto generosi con le vocazioni dei loro familiari:

> *Siate aperti alle vocazioni che si sviluppano nel vostro seno. Pregate che come segno di speciale amore il Signore chiami uno o più dei vostri membri a servirlo. Vivete la vostra fede con la gioia e il fervore che incoraggia tali vocazioni. Siate generosi se vostro figlio o figlia, fratello o sorella, decidono di seguire Cristo su questa speciale via. Permettete che la loro vocazione cresca e si rafforzi. Date il vostro pieno appoggio ad una scelta liberamente fatta* (Giovanni Paolo II, 1981b, n. 4).

È molto toccante la testimonianza di santa Monica, madre di sant'Agostino ed esempio di madre cristiana che da parte sua mette il meglio che ha per ottenere la crescita spirituale di un figlio. Ella ha pregato incessantemente, ha offerto mortificazioni per la conversione al cristianesimo del figlio, e alla fine ha avuto la gioia, poco prima di morire, di vedere realizzato il suo desiderio. Nel suo letto di morte, gli confessa:

C'era solo una cosa per la quale desideravo rimanere ancora un po' su questa terra: vederti cristiano cattolico prima di morire. Dio me lo ha concesso in abbondanza (Sant'Agostino, 397-400, cap. 9, 10).

Non c'è dubbio che l'esempio migliore della stretta relazione esistente tra celibato e matrimonio è Maria, la Madre di Gesù, nello stesso tempo Vergine e Sposa, l'unica persona che ha condiviso pienamente i due doni. Con la sua vita dimostra una completa apertura a Dio e una disponibilità per qualunque compito che Dio le voglia affidare («Eccomi, sono la serva del Signore»), e una sollecitudine tenera e diligente per la vita familiare, una attenzione amorosa a san Giuseppe e a Gesù che la porterà a stare nello stesso tempo sempre in orazione e a prendersi cura dei piccoli dettagli della sua esistenza quotidiana. Il suo immenso amore al Figlio non fu di ostacolo alla realizzazione del suo ministero pubblico, diventando in tal modo il modello di tutte le madri che offrono a Dio i loro figli, se Egli li chiama a una piena dedicazione.

4. IL VISSUTO DEL CELIBATO LAICALE

4.1 Il primo amore

Come dicevo all'inizio di questo libro, non ho mai avuto l'intenzione di scrivere un saggio teologico o giuridico sul celibato, ma più che altro una riflessione personale, con un carattere più di esperienza vissuta che dogmatico. In questo capitolo mi soffermerò proprio su questa concezione più pratica, parlando di alcune esperienze – che spero possano servire ad altri che hanno questa stessa vocazione – sul modo di vivere il celibato laicale in mezzo al mondo, nelle realtà professionali, sociali o familiari della vita quotidiana.

Come ho detto nell'introduzione, esistono molti libri sul celibato sacerdotale o religioso che contengono molti aspetti comuni a quelli che ho trattato in queste pagine, ma si può dire che non affrontano altre questioni che riguardino in particolare il celibato dei laici. Un laico non vive chiuso in un convento, non indossa un abito particolare e non porta alcun segno che denoti il suo stato. Lavora in varie professioni con colleghi di ambo i sessi, coltiva relazioni sociali negli ambienti più diversi, viaggia in paesi con tradizioni e culture molto differenti tra loro...; infine, va soggetto a situazioni che possono riguardare una vita dedicata esclusivamente a Dio, anche se conta sempre sulla sua grazia per affrontarle con piena fedeltà alla propria vocazione.

Alcuni anni fa sono rimasto colpito da una espressione che ho sentito dire a un sacerdote francese. Sosteneva che il celibato era per lui una crocifissione quotidiana. Non è questa la mia esperienza, né quella di altri celibi che conosco, che apprezzano il loro carisma con grande gioia e con pace interiore. Questo non vuol dire che sia una vita priva di difficoltà. La passione sessuale è talmente radicata e tanto prepotente in ogni essere umano che una totale astinenza richiede, soprattutto in certi momenti, uno sforzo considerevole. Abitualmente si tratta di una lotta serena, sempre poggiata sulla grazia di Dio, che è Colui che chiama e Colui che dà le grazie necessarie per rispondere a questa chiamata. Però sicuramente vi sono momenti della vita in cui, per questioni affettive o fisiologiche, questa lotta interiore può diventare protagonista e richiamare l'attenzione del celibe fino a convertirsi in un peso che si rivela assai gravoso. Inoltre in questi momenti si accrescono sicuramente gli aspetti negativi di una tale scelta di vita: l'assenza di qualcuno con cui condividere il quotidiano, il desiderio di paternità o di maternità, la felicità di un ambiente familiare... Questi periodi possono anche coincidere con momenti di un certo declino spirituale, di stanchezza fisica o di contrarietà affettive o professionali.

Spesso in questi casi si ha la tendenza a dare un grande valore ideale allo stato matrimoniale, come se fosse privo di rinunce. Questa situazione può anche essere accompagnata da una considerazione un tantino idealista di persone che ci paiono attraenti, immaginando un futuro comune idilliaco. Sono periodi spiacevoli, di crisi, ma non esclusivi dell'anima di un celibe, perché anche per una persona sposata in certi momenti la fedeltà coniugale può apparire come qualcosa di limitante o esigente, quando magari si ha la tentazione di pensare che a suo tempo ci si è sbagliati nello scegliere il partner, che sono cambiate le circostanze o che un'altra persona ci può capire meglio: insomma, una montagna di giustificazioni di ciò che in realtà non ha giustificazione.

Quando un celibe laico incappa in questi periodi di crisi, di minore generosità, di stanchezza fisica o spirituale, è il momento di chiedere a Dio di mostrargli in modo più evidente il suo amore, di appoggiarsi di più su coloro che sono uniti a lui nello stesso cammino vocazionale, di valorizzare la traccia di fecondità spirituale, spesso non apprezzata, che lascia un'anima sinceramente donata a Dio. Anche grandi santi hanno attraversato alcuni periodi più delicati nel loro percorso di vita e hanno saputo perseverare con una lealtà soprannaturale e umana. Lo stesso san Paolo dovette superare dei momenti difficili, come si ricava da questo brano della sua lettera ai romani:

> *Infatti acconsento nel mio intimo alla legge di Dio, ma nelle mie membra vedo un'altra legge, che muove guerra alla legge della mia mente e mi rende schiavo della legge del peccato che è nelle mie membra. Sono uno sventurato! Chi mi libererà da questo corpo votato alla morte?* (Rm 7, 22-24).

Tutti possiamo cadere nella tiepidezza spirituale, che tende a ridimensionare gli ideali che nei momenti di lucidità accettiamo, dando per buono quello che in fondo sappiamo essere un tranello della nostra mediocrità. Del resto, la Sacra Scrittura ci mette in guardia dalla tendenza che abbiamo di rovinare gli impegni più nobili che accettiamo nella nostra vita, come scrive alla Chiesa di Efeso l'autore dell'Apocalisse:

> *Ho però da rimproverarti che hai abbandonato il tuo amore di un tempo. Ricorda dunque da dove sei caduto, ravvediti e compi le opere di prima* (Ap 2, 4-5).

Questa espressione di san Giovanni mi sembra particolarmente opportuna; le crisi – nel celibato, ma anche nel matrimonio – sono la conseguenza del fatto di aver perduto quel primo amore, il più puro, quello prescelto con maggiore libertà ed entusiasmo, insomma quell'amore che è stato alla base della nostra decisione e che – alla fine, passati i nuvoloni del momento – ci riempie di gioia, perché la castità, come diceva san Josemaría Escrivá, è sempre una «gioiosa affermazione».

Nelle sezioni che seguono mi propongo di riprendere alcune idee che possono servire ad affrontare la vita da celibe in mezzo al mondo come una scelta che soddisfa pienamente le aspettative dell'essere umano. Illustrerò una serie di idee che voglio sottolineare con alcuni aneddoti della mia stessa vita o di altri laici celibi, non perché mi considero un esempio per nessuno – il nostro modello è Gesù Cristo -, ma perché credo che possano aiutare a capire meglio alcuni concetti che altrimenti potrebbero sembrare troppo astratti.

4.2 Crescere nell'intimità con Dio

Se abbiamo affermato che il motivo più importante per rispondere affermativamente al carisma del celibato è far piacere a Dio, le migliori energie dell'anima di un celibe dovrebbero indirizzarsi alla vita spirituale, affinché diventi più intima, più vicina, più vibrante la relazione con Dio. «L'intera vita cristiana consiste nel corrispondere all'amore di Dio», sintetizzava con l'abituale lucidità Benedetto XVI nel suo messaggio quaresimale del 2012. Se il cammino spirituale di ogni cristiano ha inizio e si conclude nell'amore a Dio, nella Carità, che è la prima e principale virtù della nostra fede, crescere in questo amore dovrebbe essere la principale aspirazione dell'anima di un celibe, e anche il motore principale della sua vita. Se uno ha dato la preferenza al celibato come scelta di vita è proprio per concentrare i propri affetti «nell'unico Dio», nel tentativo di realizzare l'ideale che ci propone Gesù: «...amarlo con tutto il cuore e con tutta la mente e con tutta la forza» (Mc 12, 33).

Tempo fa un amico mi diceva che tra i 99 attributi che i musulmani devoti ascrivono a Dio, l'Amore («Il Degno di Essere Amato») occupa il 48° posto. Per i cristiani è il numero 1, perché Egli stesso ci ha detto per bocca di san Giovanni, il discepolo che meglio conosceva Gesù: «Chi non ama non ha conosciuto Dio, perché Dio è Amore» (1 Gv 4, 8). Dio è Amore, e l'atteggiamento più importante in qualunque cristiano è l'amore: l'amore a Dio e, per Lui, agli altri. Da lì, come ci ha detto Gesù, «dipende tutta la Legge e i Profeti» (Mt 22, 40), che è lo stesso che dirci che in questo punto si riassume la vita cristiana. In Dio l'Amore è così grande che dall'Amore tra Padre e Figlio procede la terza persona della Santissima Trinità, lo Spirito Santo, l'Amore per eccellenza. Così grande è l'Amore di Dio per gli esseri umani che preferisce morire Lui e non che moriamo noi, preferisce pagare con la sua vita ciò che noi avremmo dovuto pagare per i nostri peccati. Questo è la Redenzione: «Dio ha tanto amato il mondo da dare il suo Figlio unigenito, perché chiunque crede in lui non muoia, ma abbia la vita eterna» (Gv 3, 16).

Il primato dell'amore era molto chiaro ai primi cristiani (Guerra Gómez, 2002a). Così ce lo hanno trasmesso nella loro predicazione. In particolare, san Giovanni, che abbiamo appena citato, riempie le sue lettere con questo unico avvertimento: «Carissimi, amiamoci gli uni gli altri, perché l'amore è da Dio: chiunque ama è generato da Dio e conosce Dio» (1 Gv 4, 7). Anche san Paolo include una serie di consigli dello stesso tipo. Ecco la splendida sintesi che ne fa nella sua lettera ai

Romani: «Infatti il precetto *Non commettere adulterio, non uccidere, non rubare, non desiderare* e qualsiasi altro comandamento, si riassume in queste parole: *Amerai il prossimo tuo come te stesso.* [...] pieno compimento della legge è l'amore» (Rm 13, 9-10). Il suo meraviglioso inno alla carità, contenuto nel capitolo 13 della prima lettera che invia ai cristiani di Corinto, mostra molto bene le caratteristiche dell'amore cristiano:

> *La carità è paziente, è benigna la carità; non è invidiosa la carità, non si vanta, non si gonfia, non manca di rispetto, non cerca il suo interesse, non si adira, non tiene conto del male ricevuto, non gode dell'ingiustizia, ma si compiace della verità. Tutto copre, tutto crede, tutto spera, tutto sopporta [...]. Queste dunque le tre cose che rimangono: la fede, la speranza e la carità; ma di tutte più grande è la carità* (1 Cor 4-13).

Orbene, se la chiave per fare passi avanti nella vita cristiana è la crescita del nostro amore a Dio, per chi ha ricevuto il carisma del celibato, crescere nell'amore a Dio diventa il centro dei suoi aneliti, ai quali dovrebbe dedicare le sue energie e i suoi affetti migliori.

Come l'affetto tra due persone aumenta con la conoscenza reciproca, con un rapporto affettuoso, con la vicinanza spirituale, così anche crescere nell'amore a Dio significa frequentarlo assiduamente nella preghiera e nei sacramenti, soprattutto nell'Eucaristia, dove sappiamo per fede che Egli è realmente presente e che è voluto rimanere lì proprio perché noi lo potessimo frequentare più da vicino.

Per godere della musica è necessario avere una certa formazione musicale; per svagarsi con lo sport abbiamo bisogno di avere una certa forma fisica, per degustare un buon vino occorre saper cogliere qualcuna delle sue caratteristiche... Anche per avere una vita spirituale intensa è indispensabile coltivarsi un poco, praticare un certo allenamento che ci aiuti ad apprezzare i beni dello spirito perché

> *l'uomo naturale però non comprende le cose dello Spirito di Dio; esse sono follia per lui, e non è capace di intenderle, perché se ne può giudicare solo per mezzo dello Spirito* (1 Cor 2, 14).

Se è vero che qualunque vita cristiana mette radici nell'orazione, come il seme che il seminatore getta su una buona terra, lo è con una intensità tutta particolare nella vita di un celibe, che non avrebbe alcun senso se non fosse veramente contemplativa. Il termine contemplativo è stato tradizionalmente riservato nella Chiesa alle vocazioni religiose, in modo particolare per quelle in cui ci si raccoglie permanentemente in orazione nella quiete di un monastero. Ma possiamo parlare di contemplazione anche nella vita di un laico che svolge una sua attività sociale e professionale in mezzo al mondo. È indubbiamente più complicato che per un monaco, in quanto un laico è soggetto a distrazioni di ogni tipo che rendono difficile l'unione permanente con Dio: in mezzo alla voragine del quotidiano possono farsi avanti altri interessi e altri obiettivi che facciano perdere la presenza di Dio, il senso ultimo del perché di questa attività.

Per questo motivo, allo scopo di mantenere l'unione costante con Dio, il celibe laico dovrà lottare per convertire queste circostanze in occasioni per intensificare la relazione con Lui. Per frequentare Dio nelle circostanze ordinarie occorre dedicare alcuni momenti esclusivi a rimanere con Lui nella più grande intimità, in momenti e luoghi che favoriscano la tranquillità dell'anima e un rapporto con Dio il più vicino possibile. È di estrema importanza trovare ogni giorno un periodo di tempo da dedicare alla meditazione, al dialogo intimo con Dio. Questa orazione mentale serena, in un posto tranquillo, silenzioso, che ci aiuta a mantenere un colloquio amoroso con Dio, fortifica l'anelito dell'anima di vedere Dio e mettere Dio in tutte le proprie attività quotidiane. Se non si prega, si perde il riferimento soprannaturale, perché si perde o si indebolisce l'amore che lo sostiene:

> *Senza momenti prolungati di adorazione, di incontro orante con la Parola, di dialogo sincero con il Signore, facilmente i compiti si svuotano di significato, ci indeboliamo per la stanchezza e le difficoltà, e il fervore si spegne* (Papa Francesco, 2013, n. 262).

Questi momenti dedicati esclusivamente all'orazione serviranno per parlare con Gesù delle cose che riempiono la nostra vita, di ciò che ci interessa o di ciò che ci preoccupa, delle persone che amiamo o di quelle che si sono comportate male con noi, dei nostri successi e delle nostre sconfitte, delle nostre tristezze e delle nostre gioie..., come ci raccomanda san Josemaría:

> *Mi hai scritto: "Pregare è parlare con Dio. Ma, di che cosa?". – Di che cosa? Di Lui, di te: gioie, tristezze, successi e insuccessi, nobili ambizioni, preoccupazioni quotidiane..., debolezze! E atti di ringraziamento e suppliche: e Amore e riparazione. In due parole: conoscerlo e conoscerti: "stare insieme!"* (San Josemaría Escrivá, 1939, n. 91).

Qualche volta potremo fare orazione meditando alcuni brani del Vangelo, tentando di conoscere meglio le reazioni di Gesù nelle diverse circostanze, imparando dal suo esempio, assimilando meglio le sue parole o semplicemente immaginando la sua figura. Altre volte ci faremo orientare dalla lettura di altri passi della Sacra Scrittura, dall'espansione iniziale del cristianesimo negli Atti degli Apostoli, dai consigli che danno gli apostoli alle prime comunità cristiane nelle lettere. Anche l'Antico Testamento ci aiuterà nella nostra contemplazione, soprattutto con la lettura meditata dei Salmi (Benedetto XVI, 2013). Allo stesso modo, può aiutarci a dialogare con Dio qualche libro di pietà, soprattutto gli scritti dei Padri della Chiesa o dei maestri di spiritualità, come san Giovanni Crisostomo, sant'Agostino, santa Teresa di Gesù, san Francesco di Sales o le recenti omelie del Papa. A me aiuta molto la lettura di testi di san Josemaría o del beato Álvaro del Portillo, anche se il Vangelo è sempre il mio principale libro per l'orazione.

Dialogo significa parlare ma anche ascoltare: durante l'orazione riceviamo anche i «suggerimenti» di Dio:

— Perché non rifinisci bene il tuo lavoro, o non sei più generoso nel digiunare, o più servizievole con quella persona di famiglia o con quel collega di lavoro?

— Perché hai trattato in modo inopportuno quel collega di lavoro?

— Sarebbe bene che telefonassi a questo o a quell'amico che attraversa un momento di difficoltà...

La ricchezza dell'orazione è molto ampia. Ne parlava con belle frasi una convertita nostra contemporanea:

> *L'orazione è soprattutto un colloquio con Dio. Alcune volte va riempita di parole, quando il mio cuore sente la necessità di raccontargli, come si fa a un Padre, quello che mi sta succedendo, quello di cui penso di avere bisogno, quello che non ho chiaro in mente. Altre volte conviene che domini il silenzio, quando ritengo sia preferibile lasciare che parli Lui, il Signore, il Creatore, il Redentore. Rimanere in silenzio per poter ascoltare la sua voce. Stare calma e rimanere in ascolto. In questi casi mi sembra che il dialogo diventi ancora più vivo, più profondo* (Borghese, 2004, 82).

A parte i momenti di preghiera, crescere nella vita interiore richiede anche altre pratiche quotidiane di pietà, come assistere alla Santa Messa, recitare il Rosario, l'Angelus o altre preghiere mariane, la lettura della Sacra Scrittura e di altri libri spirituali, un breve esame di coscienza a fine giornata, ecc. Siccome il celibe laico avrà in genere una intensa vita professionale, sarà necessario inserire queste attività in un orario esigente, supplendo con l'immaginazione alla scarsezza di tempo. Ciò nonostante, su questo punto non vedo molta differenza con un laico sposato, che può avere anche un piano di vita spirituale molto ricco, facendolo conciliare – sia pure con molto sacrificio – con i propri obblighi di famiglia.

Almeno secondo la mia esperienza personale, qualunque orario è compatibile con la dedicazione di un certo tempo al rapporto esclusivo con Dio. A causa della mia situazione professionale, partecipo con una certa frequenza a congressi o riunioni internazionali. In questi viaggi faccio in modo da adattare il mio orario abituale alle nuove circostanze in modo che la relazione con Dio non ne risenta, anche se logicamente mi costa un po' di più trovare i momenti per fare i normali periodi di orazione o di lettura spirituale con la stessa serenità di una giornata abituale. Dato che in genere in queste riunioni professionali gli orari sono stretti e si finisce col cenare tardi, io ormai do per scontato che in queste trasferte mi tocca dormire meno. Le pratiche di pietà che faccio di solito le distribuisco in modo che interferiscano il meno possibile con gli orari della riunione o del congresso al quale partecipo: per esempio, cerco di assistere alla santa Messa e di fare un momento di orazione nelle prime ore del mattino o faccio un po' di lettura del vangelo nella pausa del caffè o del pranzo. Qualche volta, nel caso che non sia possibile uscire dalla sala, recito il rosario mentre ascolto una conferenza su un argomento di minore interesse. Forse la cosa che più mi costa è il periodo di orazione vespertina che ho l'abitudine di fare nell'intervallo che precede la cena, perché a quell'ora della sera la testa suole essere parecchio appannata. In questi casi, a volte dedico la mia orazione a raccomandare le necessità dei miei amici, a leggere un libro di spiritualità o ad ascoltare un canto che mi aiuti ad avere una maggiore presenza di Dio. Insomma, mi sembra che fare ogni giorno alcune norme di pietà che ci aiutino ad avere costantemente Dio molto presente nelle nostre giornate sia una questione di ordine, soprattutto se si possiede una chiara gerarchia di valori: che cosa è veramente importante? Quasi tutto dipende da noi stessi, da come organizziamo il tempo.

Dico quasi tutto, perché c'è una cosa che non dipende da un fedele laico: la santa Messa, che richiede un luogo e un orario preciso al quale dobbiamo sottostare. Quando viaggio per motivi professionali, assistere ogni giorno alla santa Messa non è sempre una cosa semplice. Penso che potrei scrivere un altro libro con gli aneddoti che mi sono capitati per questo motivo nei quasi cinquanta paesi che ho visitato, con i costumi, le lingue e gli orari più diversi. Salvo pochissime eccezioni, sono riuscito ad andare a messa ogni giorno in tutti questi paesi; naturalmente è stato necessario un certo impegno e una buona dose di immaginazione, soprattutto in quei posti dove il cattolicesimo è poco sviluppato (come nel caso, per esempio, di Cina, Sud Africa, Russia, Grecia, Norvegia o Svezia...). Perciò non si può fare a meno di ricorrere ai mezzi soprannaturali (chiedere aiuto all'Angelo custode perché faciliti la ricerca) e naturali (grazie a internet, localizzare le chiese cattoliche e gli orari delle messe è diventato molto più facile di una volta). Quasi sempre, però, il piacere di assistere alla santa messa va accompagnato dal piccolo sacrificio di alzarsi molto presto, alle 5 o 5,15 del mattino, come nel caso dei miei ultimi viaggi in paesi musulmani, come Indonesia o Emirati arabi, dove le messe quotidiane sono sempre di buon'ora. D'altra parte, a volte penso che non è neppure il caso di drammatizzare troppo queste levatacce, perché alcune persone sono abituate ad alzarsi presto per altri fini, come, per esempio, portare a spasso il cane o fare sport; io lo faccio – se mi è permessa l'espressione – per fare «sport spirituale».

A titolo di semplice esempio di quanto a volte sia complicato assistere alla santa Messa in certi paesi, posso raccontare quello che mi è successo tre anni fa in Russia. Dovevo partecipare ad una riunione a Yoskar-Ola, una città situata nella valle del

Volga, al centro-sud della Russia. Purtroppo ho verificato su internet e poi ho ricevuto conferma dagli organizzatori locali, che nella città non esistono chiese cattoliche. Tuttavia il primo giorno della riunione – proprio una domenica – sarei andato a Kazan, che è un capoluogo di regione molto importante dove la chiesa cattolica c'è. La cosa non era semplice, perché la prima messa domenicale finiva un po' più tardi dell'ora in cui era prevista la partenza dell'autobus che ci avrebbe portato dall'albergo a fare un giro turistico nella zona storica della città. Ho preso accordi con gli organizzatori che io mi sarei inserito più tardi nel gruppo, prendendo un taxi. Ho inviato un messaggio di posta elettronica al sacerdote della parrocchia cattolica della città (che oltretutto parlava spagnolo perché era un missionario argentino!) ed è stato così amabile che si è offerto di celebrare per me una Messa un'ora prima dell'orario abituale: questo mi avrebbe permesso di arrivare in tempo all'autobus! Mi sono alzato presto, ho fatto venire un taxi e ho dato all'autista l'indirizzo della parrocchia che avevo letto in internet. Pensavo di essere riuscito nella «prodezza» di arrivare sul posto all'ora stabilita, ma risultò che lì non c'era nessuna chiesa cattolica, ma solo una chiesa ortodossa russa. Poi ho saputo che si erano trasferiti alcuni mesi prima in un altro luogo della città, ma non avevano aggiornato la pagina di internet, almeno quella da me consultata. Avendo già congedato il taxi, in una città che non conoscevo, dove si parla una lingua per me incomprensibile, senza nessuna persona nei dintorni (erano le prime ore della domenica), e avvicinandosi l'ora stabilita col sacerdote argentino per assistere alla messa, la situazione si faceva problematica. Provvidenzialmente, perché la Provvidenza esiste e batte strade molto più originali delle nostre, comparve lì una signora, alla quale attraverso segni ho cercato di comunicare il mio problema. Essa ha telefonato al sacerdote ortodosso della chiesa vicina e, non so bene come, sono riuscito a spiegargli che volevo assistere a una messa cattolica. Con mia gioia e sorpresa non solo mi ha capito, ma molto amabilmente ha telefonato alla parrocchia cattolica, ha spiegato al sacerdote che mi aspettava che mi trovavo nel posto sbagliato e, come se tutto questo fosse poco, ha chiesto a un fedele di portarmi con la sua macchina alla nuova sede della chiesa cattolica, dove sono arrivato giusto in tempo per assistere alla messa domenicale. Per concludere al meglio la serie di «casualità» (chi ha fede nella Provvidenza, lo chiama diversamente), alla fine è risultato che la nuova sede della chiesa cattolica non era molto lontana del mio albergo, sicché poi non è stato necessario chiamare un altro taxi (la città era abbastanza vuota a quell'ora), ma con una passeggiatina di circa 20 minuti ho potuto riunirmi agli altri del gruppo e salire sull'autobus senza problemi. Insomma, ancora una volta il mio angelo custode mi aveva tratto fuori da una difficoltà.

Per essere onesti dirò che non sempre ho avuto successo nei miei tentativi di assistere alla santa Messa, anche se grazie a Dio ciò è accaduto ben poche volte. Recentemente sono stato in Iran per partecipare a un congresso professionale, e lì non c'è stato modo di risolvere il problema, malgrado io abbia mobilitato tutti i mezzi della mia immaginazione e della mia esperienza. Non sono neppure riuscito ad assistere alla messa della domenica in una chiesa armena, l'unica cristiana della città nella quale mi trovavo. Alla fine il Signore sa che almeno questo mi è servito per raccomandare le persone che ho incontrato in questo viaggio e per pregare per una maggiore espansione del cristianesimo in quel paese, dal quale sicuramente provenivano i Re Magi. In quel viaggio, comunque, ho avuto modo di verificare la squisita ospitalità orientale dei suoi abitanti.

Ritornando allo scopo di questo libro, crescere nell'amore a Dio nella propria vita e trasmetterlo agli altri è la missione principale dell'anima di un celibe, e proprio questo spiega la sua dedicazione esclusiva. L'amore cresce con la vita di pietà, con il rapporto assiduo e profondo con Dio così da riuscire ad amarlo «con tutto il cuore». Sarebbe un errore interrompere o trascurare queste pratiche di devozione, anche nei periodi di intensa occupazione professionale o sociale, perché in parallelo perderebbe forza il motore della vita spirituale di un celibe che, ricordiamolo nuovamente, è la sorgente principale della sua vocazione.

La vita del celibe ha molti momenti di gioia e di felicità interiore, ma può avere anche altri momenti spiacevoli, dove si capisce nel modo più crudo che cosa è la solitudine e si perde il significato più idealista dell'impegno contratto con Dio. Come affermava bene san Josemaría, la chiave della perseveranza è l'amore che siamo stati capaci di accumulare nella nostra vita:

> *Qual è il segreto della perseveranza? L'Amore. – Innamorati, e non «lo» lascerai* (San Josemaría, 1939, n. 999).

D'accordo col beato Álvaro del Portillo, che è stato per molti anni uno stretto collaboratore di san Josemaría, questo consiglio si può leggere anche in senso contrario: "non lo lasciare e ti innamorerai"; la perseveranza nell'impegno inizialmente assunto è garanzia di un amore che si consolida. Da questo amore a Dio nascerà immediatamente dopo l'amore agli altri, che è la base irrinunciabile se si vuol svolgere una feconda attività apostolica.

4.3. Sublimare gli affetti

Mi sembra poco realistico pensare alla lotta interiore come a un insieme di negazioni. La promessa del Cielo è molto più stimolante che non le pene dell'Inferno, perché l'essere umano anela più alla felicità che ad evitare la disgrazia, benché le due cose siano collegate fra loro. Nell'ambito della virtù della castità, necessaria a tutti i cristiani, ma particolarmente esigente per chi accetta liberamente il dono del celibato, mi sembra che questo sia di vitale importanza. Considerare il celibato semplicemente come una repressione della passione sessuale equivarrebbe non solo ad essere infedele all'insegnamento di Cristo su tale argomento, ma anche sicuramente nocivo per coloro che scegliessero questo carisma. Non è umano reprimere le passioni, perché fanno parte della nostra natura; bisogna invece che vengano regolate e ordinate per un fine più alto, sublimate, vale a dire rese più eccellenti.

Se uno studente o un professionista scoprono la loro vocazione al celibato e decidono di seguirla, la cosa più importante non è la rinuncia alla vita coniugale, ma curare una maggiore intimità con Dio e dedicarsi in un modo più completo al servizio degli altri. La rinuncia al matrimonio è la conseguenza di questo modello di vita, non la causa. Pertanto, la chiave perché una vita da celibe sia piena, felice, consiste nel fatto che sia considerata prioritaria la conquista nella propria vita di un amore più grande, l'amore a Dio, l'Amore con la A maiuscola, che è l'unica cosa capace di colmare pienamente il cuore dell'uomo, come ci dice sant'Agostino:

> *Perché tu ci hai fatti per Te e il nostro cuore non ha pace finché non riposa in Te* (Sant'Agostino, 397-400, 1,1).

Una persona celibe non può essere uno scapolone egoista, uno col cuore arido che non si è sposato perché non sa amare, ma piuttosto deve essere uno che ha scelto di dedicare la parte migliore dei propri affetti e delle proprie energie a Dio e, attraverso Lui, a tutti gli altri.

Se l'unione sponsale implica un amore e una donazione reciproca esclusiva tra due persone, lui per lei e viceversa, l'amore dell'anima di un celibe va ben oltre, comincia in Dio e arriva ad abbracciare tutti gli esseri umani con i quali ha rapporti quotidiani. Chi vive il celibato spirituale lo fa perché il suo amore abbia un'ampiezza maggiore, in quanto ripone l'esclusività in Dio, non in una creatura, e pertanto questa esclusività non solo non lo esclude dall'amore a tutti gli altri, ma di fatto lo richiede. Come dice Derville (2015), «il celibato apostolico è un ampliamento essenziale e costante del cuore. Tutte le persone trovano posto nel cuore di un celibe, senza esclusivismi».

Non è vero che una persona celibe è sociologicamente incompleta o immatura. Un celibe non è una persona contratta, timorosa, insicura, ma una testimonianza dell'amore a Dio, che è un torrente di grazia verso il mondo. Un celibe laico ha nella sua vita la prova di questa vicinanza agli altri, perché vive con dei colleghi di lavoro, con gli amici, con la famiglia... nelle medesime circostanze in cui lo fanno altre persone che non hanno questo impegno spirituale. Questo gli permette di stare vicino a tutti, espandere il suo cuore perché vi trovino posto molte altre anime, anche quelle che possono essere molto lontane da Dio, proprio perché da questa sua fedeltà al carisma ricevuto dipenderà – solo Gesù sa in che misura – che prima o poi le persone scoprano di nuovo che anche Dio le ama.

Il Signore non ci vuole freddi, rigidi, come materia insensibile. Ci vuole impregnati del suo affetto. Chi rinuncia per Dio a un amore umano non è uno scapolone, come certe persone tristi, infelici e avvilite, che hanno disprezzato la generosità di amare limpidamente (San Josemaría Escrivá, 1977, n. 183).

Secondo la mia esperienza personale il celibato è lieto quando è incentrato sugli altri, non quando ci si mette in guardia eliminando qualsiasi affetto umano, per evitare un innamoramento che potrebbe allontanarci dall'impegno vocazionale. Non si tratta di essere stoici, insensibili, persone incapaci di amare, ma invece persone che amano tanto che non si accontentano di amare soltanto una persona. Questo vuol dire sublimare l'amore, non reprimerlo, cosa che d'altra parte sarebbe irragionevole perché il cuore (i sentimenti) sono una parte costitutiva della personalità umana. In questo senso la vita affettiva del celibe dovrebbe concentrarsi più nel migliorare l'amore a Dio e agli altri, che non nell'evitare amori particolari che potrebbero mettere in pericolo lo stesso celibato. Credo che il concetto sia espresso perfettamente da Raniero Cantalamessa quando afferma:

È buona cosa avere un cuore indiviso, sempre e quando realmente ami qualcuno. Di fatto un cuore diviso che ami qualcuno è meglio di uno non diviso che non ami nessuno. Questo sarebbe egoismo non diviso. Significherebbe che abbiamo il cuore pieno, però di ciò che più corrompe: il proprio io. Di questo tipo di verginità e celibato, purtroppo non certo raro, Charles Peguy ha detto secondo verità: "Dato che non appartengono a nessuno, pensano di appartenere a Dio. Dato che non amano nessuno, pensano di amare Dio" (Cantalamessa, 2005, 32).

In poche parole, l'amore del celibe non è un amore egoista, sulla difensiva, freddo, che non sa impegnarsi. Nel cuore di un celibe tutti dovrebbero trovare posto, perché chi ripone il proprio amore prima di tutti in Dio riceve da lui, come nella moltiplicazione dei pani e dei pesci, una sorgiva inesauribile di affetti e il cuore si allarga costantemente. Si tratta di amare tutti, non di non amare nessuno, vale a dire sublimare le passioni, allargare il cuore. Il grande poeta indiano Tagore diceva che "*ciascuno avrà la felicità che è stato capace di dare gli altri*". Se l'anima di un celibe dà tutto, allora è chiamato a essere assolutamente felice.

Se la lotta s'imposta così, la virtù della santa purezza si converte in una tensione amabile per migliorare la qualità del nostro amore. Per purificare il cuore occorre che i nostri affetti siano sempre più puri, in modo da poter vedere Dio sempre più nitidamente (cfr. Mt 5, 8). Nel 1973 San Josemaría raccomandava ai fedeli dell'Opus Dei di avere alcune devozioni tenere, affettuose, che permettessero loro di crescere in amore – anche sensibile – a Gesù e a quelli che più l'hanno amato, Maria e Giuseppe. Diceva:

La nostra è una vita di amore. Chi non ha la capacità di amare, difficilmente persevererà nell'Opus Dei. Amate dunque, non trattenete il cuore! Quando parlate interiormente, senza rumore di parole, con il Signore, con sua madre, con Giuseppe, che è stato suo padre sulla Terra, dite quello che avete nel cuore, anche se vi sembrano sciocchezze. Non fate letteratura: raccontategli le vostre cose, le vostre inquietudini e le vostre gioie, le vostre occupazioni...

L'amore comporta l'affetto, anche sensibile, e dove ripone la propria sensibilità chi ha scelto Dio? Ma, in Dio stesso! Fate in modo di amare sempre più intensamente e profondamente Dio, sua Madre Santa Maria, che è anche madre nostra, san Giuseppe, suo padre sulla terra, e tante anime sante che ci hanno preceduto e che contemplano compiaciute le nostre lotte. Mettere più impegno nell'essere devoti, nel curare i nostri momenti di meditazione, di dialogo con Gesù non lontano dal Tabernacolo, nell'assistere con maggiore attenzione e affetto alla santa Messa, dove Gesù si dà a noi ogni giorno, dove ricordiamo l'atto più sublime di donazione, nel quale l'Innocente dà la propria vita per salvare i colpevoli.

L'amore ci deve far fare anche piccole follie, per esempio, dire nell'intimità della nostra orazione cose che ci farebbero arrossire se le pronunciassimo ad alta voce. Ognuno di noi ha un proprio carattere, alcuni più brusco, altri più delicato, ma nessuno di noi ha un'anima artificiale: tutti abbiamo bisogno di affetto, di darlo e di riceverlo. L'affetto spirituale si fonda e si evidenzia nell'orazione, nella santa Messa, nella vicinanza della Presenza di Dio continua lì dove ci troviamo: viaggiando, lavorando, conversando con un amico, mangiando...

Se siamo persone con un cuore ancorato all'amore di Dio, dimostreremo il nostro amore agli altri. Molti anni fa ho avuto la fortuna di incontrarmi brevemente con il beato Álvaro del Portillo, poco dopo che era succeduto a san Josemaría a capo dell'Opus Dei. Ricordo bene quello che mi disse, anche se non sono le parole testuali: «L'amore di Dio è come quelle torri che si formano con le coppe di sciampagna: dopo che si è riempita la prima, trabocca nelle altre; se hai una vita di orazione profonda, l'amore ti riempirà e traboccherà in quelli che stanno attorno a te». Questo è il segreto di una vita da celibe e in particolare di quelli che la viviamo in mezzo al mondo: essere molto pieni dell'amore di Dio per darlo agli altri.

Può accadere che questo amore espansivo finisca col portarci all'amore a una sola persona? Sì, certamente, perché noi celibi abbiamo le stesse passioni degli altri esseri umani. Sarà bene vigilare perché non metta radici un amore esclusivo per un'altra persona, che finirebbe col metterci davanti a situazioni di conflitto interiore che potrebbero mettere a rischio la nostra vocazione al celibato. La saggezza popolare assicura che è più facile spegnere una favilla che un fuoco. Se siamo sinceri con noi stessi, nella nostra orazione potremo valutare quando un'amicizia comincia a essere incompatibile con la nostra dedicazione esclusiva a Dio.

Come riconoscere che ci stiamo innamorando di un'altra persona, che un certo affetto va al di là di un rapporto cordiale e che, in definitiva, stiamo cominciando ad essere infedeli all'impegno di una vita da celibe? Anche se intorno a questi argomenti è molto difficile essere obiettivi con noi stessi, esaminare onestamente la situazione nella nostra orazione ci darà luci per giudicare distintamente quando sta nascendo un innamoramento carnale incompatibile con il celibato e per adottare, con la grazia di Dio, le decisioni indispensabili per interrompere una relazione del genere. Amare tutti o amare solo qualcuno. Credo che la differenza sia chiarita molto bene dall'autore de *Il piccolo principe* in un dialogo che il protagonista ha con una volpe, che, d'altra parte, mi sembra una splendida allegoria sull'amicizia:

> — *No – disse il principino -. Cerco amici. Che significa "addomesticare"? – domandò ancora il principino.*
>
> — *È una cosa ormai dimenticata – disse la volpe -, significa "creare vincoli...".*
>
> — *Creare vincoli?*
>
> — *In effetti, vedrai – disse la volpe -. Tu per me non sei ancora altro che un ragazzino uguale a centomila altri ragazzini e di te non so che farmene. Neppure tu hai bisogno di me e per te non sono altro che una volpe come altre centomila volpi simili. Ma se tu mi addomestichi, allora avremo bisogno l'uno dell'altro. Tu sarai per me unico al mondo e io sarò per te unico al mondo...* (Saint–Exupéry, 2003).

Questo sentimento, «essere per me unico al mondo», una persona celibe lo dovrebbe riservare unicamente a Dio. Agli altri, a tutti quelli che potrà raggiungere, andrà ciò che di questo amore traboccherà. La lotta interiore di un celibe dovrebbe essere orientata ad amare di più Dio e gli altri, e non tanto – o almeno non principalmente – a evitare altri amori più particolari che ci allontanino dalla vocazione ricevuta. Se dovesse avvenire che una delle persone con cui coltiviamo rapporti più ravvicinati diventasse un «amore unico per me», sarebbe il momento di reimpostare tale relazione, magari prendendo una risoluzione più radicale per evitare che si consolidi un innamoramento che ci allontani dall'impegno vocazionale. D'altra parte, lo stesso si dovrebbe dire a una persona sposata che notasse un sentimento simile che potrebbe mettere in pericolo, in questo caso, l'impegno preso con il coniuge.

Per evitare che i rapporti di amicizia, in particolare con persone dell'altro sesso, si appannino, chi voglia essere fedele al proprio impegno di celibato dovrebbe essere cauto sul senso ultimo dei suoi affetti. Questa prudente vigilanza è ciò che tradizionalmente si chiama «vigilanza del cuore» e richiede un'attenzione interiore che garantisca che il nostro amore a Dio sia sempre prioritario, perché in Lui si estenderà a tutte le creature. Non si tratta di riporre il cuore in un armadio, in modo da diventare impassibili, come ho già detto, ma di orientare bene i nostri affetti.

Credo che vigilare il cuore, in questo senso conservativo, non rifletta bene una impostazione positiva della lotta interiore, e preferisco utilizzare l'espressione «custodia del cuore», perché mi sembra che custodia sia un modo più amabile di vigilare, nel quale rientra anche quella che oggi viene chiamata «etica della diligenza». Custodire è il termine che utilizziamo per indicare l'aiuto che ci danno gli angeli che il Signore pone accanto a noi («gli angeli custodi»), per il magnifico lavoro che fanno i francescani occupandosi dei luoghi nei quali visse Gesù («la custodia della Terra Santa») o più recentemente in riferimento alla cura che dovremmo mettere nei riguardi alle altre creature di Dio («custodia della Creazione», un'espressione che piace tanto a Papa Francesco). Infine, custodia è anche l'oggetto liturgico che serve a sostenere Gesù sacramentato nell'esposizione e nella benedizione con il Santissimo; sicché custodia del cuore si può riferire anche alla possibilità che il nostro cuore sia una custodia dove gli altri possano osservare visibilmente l'amore che Dio ha per esso. Questo è indubbiamente un magnifico obiettivo per l'anima di un celibe.

La cosa normale è che, se si mettono in atto alcuni elementari mezzi di prudenza, le relazioni quotidiane con le persone dell'altro sesso che si trattano per motivi sociali o professionali si basino su un tono di cordialità che non ha motivo di mettere in pericolo la vocazione di un celibe. Dato che l'amore è una cosa che riguarda due persone, è indispensabile non solo stare attento alle proprie manifestazioni di affettività, evitando che diano luogo a malintesi, ma anche a quelle che riceviamo, cercando di distinguere quando sono frutto da un comportamento amabile e quando sono dovute a un sentimento più profondo, al quale si dovrà porre un freno.

Negli anni della mia attività universitaria ho avuto modo di lavorare con molte donne, soprattutto colleghe di dipartimento, collaboratrici in programmi di ricerca e studentesse di dottorato. Con alcune il rapporto si è protratto nel tempo, da quando scrivevano le loro le tesi dottorali fino ad oggi, e quindi per decenni. Con altre il rapporto è stato più sporadico o si è limitato nel tempo agli anni delle loro ricerche universitarie o a brevi periodi di aggiornamento professionale. Onestamente dirò che molte di loro mi apparivano attraenti, ma ho sempre cercato di mantenere la relazione su un piano professionale, senza dare adito all'intimità. Ritengo che questo sia compatibile con la creazione di un clima cordiale, e persino familiare, di lavoro. In parecchi casi ho assistito alle loro nozze, sono andato a far loro visita dopo la nascita di un figlio o sono andato al funerale dei loro genitori. Conosco i loro mariti e i loro figli, ho mangiato a casa loro e, grazie alla mia agenda elettronica – perché la mia memoria non sarebbe sufficiente -, cerco di inviare i miei auguri nel giorno del loro compleanno o anche di organizzare i festeggiamenti con gli altri membri del gruppo di ricerca, se collaborano ancora con noi. Insomma, cerco di mantenere con tutte un tratto amabile, ho per loro un affetto sincero e credo che anche loro lo abbiano nei miei riguardi. Comunque questo non ha comportato, almeno fino a oggi – del futuro non possiamo rispondere -, nessun problema per il mio impegno vocazionale.

In tal senso, cerco di seguire il consiglio di san Paolo al suo discepolo prediletto, Timoteo: «Non essere aspro nel riprendere un anziano, ma esortalo come fosse tu padre; i più giovani come fratelli; le donne anziane come madri e le più giovani come sorelle, in tutta purezza» (1 Tm 5, 1-2). Mi sforzo di vedere in ognuna delle mie colleghe di lavoro una persona che posso aiutare, soprattutto sul piano professionale, anche se, quando le circostanze lo permettono, cerco anche di avvicinarle a Dio, magari mediante il prestito di un libro, un consiglio opportuno o semplicemente il buon esempio. Per aiutare qualcuno più profondamente nella sua vita spirituale occorre conoscerlo a fondo, e questo secondo me richiede un'amicizia più intima di quella che mi sembra ragionevole che un uomo celibe intrattenga con le donne. Ciascuno vedrà quel che sia conveniente caso per caso.

Ricordo la visita che, in occasione di una mia partecipazione a un congresso, ho fatto a una mia cugina che vive in Scozia da molti anni. Col suo fidanzato abbiamo visitato diversi posti che mi sono apparsi particolarmente belli: i laghi scozzesi sono sicuramente affascinanti. Allora gli ho chiesto che, nell'organizzare queste gite, tenesse conto del fatto che io volevo assistere alla santa Messa; e questo non è semplice, soprattutto nei giorni feriali, nella piccola città in cui vive, dove c'è una sola chiesa cattolica. Lei non era mai entrata in quella chiesa, perché da parecchi anni non praticava la fede. Dopo aver discusso intorno ai motivi che io avevo per andare a Messa e averla incoraggiata a provare qualche volta, alla fine è venuta con me – per propria iniziativa – il giorno dopo, un sabato pomeriggio. Si è seduta accanto a me e ha ascoltato tutta la cerimonia. Alla fine mi ha domandato se mi era piaciuto quello che aveva detto il sacerdote nell'omelia. Le ho risposto, quasi senza pensarci su, che in una chiesa «l'importante non è tanto quello che succede lì – e indicavo l'ambone -, ma quello che c'era lì», e questa volta indicavo il Tabernacolo. Mi riferivo alla realtà che, indipendentemente dal fatto che il sacerdote sia un predicatore più o meno brillante, il tesoro di una chiesa non sta in chi predica, ma in chi lì «abita»: lo stesso Gesù Cristo, realmente presente nell'Eucaristia. Non so se il mio commento e la sua presenza quel giorno alla Santa Messa le serviranno prima o poi per riprendere la sua perduta relazione con Dio, ma spero almeno che ne conservi il ricordo come un'esperienza amabile che l'avvicini alla fede. Mi sembra un esempio semplice di come il Signore si può servire delle persone celibi per dimostrare il proprio amore a una persona qualunque, uomo o donna, senza entrare in una intimità con persone dell'altro sesso che potrebbe essere incompatibile con la loro donazione.

4.4 In servizio agli altri

In queste pagine abbiamo ricordato ripetutamente che Gesù definisce il carisma del celibato con un fine proprio: «... per il Regno dei cieli» (Mt 19, 12). I celibi cristiani non lo sono per nascita, né per educazione umana, ma per propria scelta in risposta ad una chiamata divina, orientata ad estendere il Regno di Dio sulla Terra. Nel caso dei fedeli laici, un orientamento del genere implica di solito una maggiore disponibilità a servire altre persone, dedicando una parte del tempo libero a collaborare in determinate attività apostoliche.

Questo orientamento apostolico è consustanziale a qualunque forma di celibato cristiano, ma risulta particolarmente evidente per coloro che Dio chiama al celibato in mezzo al mondo, in occupazioni professionali e sociali ordinarie. Benché, come abbiamo visto, la ragione primaria del celibato non sia l'essere più disponibili per il compito di evangelizzazione, essa è una componente essenziale della vocazione del celibe. Se l'amore di Dio è autentico, si riverserà necessariamente sugli altri. Come ho già detto, non si è celibi per perfezionarsi spiritualmente, per essere anime più pure delle altre, ma per riflettere l'amore di Dio, per fare apparire con maggiore evidenza quanto Dio ami tutti gli uomini e le donne che ha creato e ognuno di essi. Questo si attuerà dedicando le proprie migliori energie – salvando, logicamente, gli impegni professionali o familiari e le ore dedicate a un rapporto più diretto con Dio – alle attività apostoliche, di formazione cristiana o di sostegno spirituale ad altre persone. Un celibe può dedicare a queste attività almeno il tempo che dedicherebbe alla moglie e ai figli se si fosse sposato.

Che tipo di attività? Molto diverse, in funzione del carisma concreto al quale si dedica il celibe e delle sue circostanze professionali o personali. Nel mio caso concreto, lasciando da parte le ore del sonno, dei pasti e delle attività professionali, la mia attività quotidiana include un tempo dedicato alle pratiche di pietà (due periodi di orazione, partecipazione alla santa Messa, rosario, lettura, esame di coscienza...), e infine l'aiuto – molto variabile da un giorno all'altro - ad altre persone perché risolvano i loro problemi materiali o spirituali. Queste ultime attività comprendono lezioni di formazione dottrinale-religiosa, corsi di orientamento personale, tutorie, sostegno spirituale, attività di volontariato sociale. Alcune volte la dedizione agli altri si limita e stare insieme agli amici per alcuni momenti di distensione nei quali avviene uno scambio di gioie e di preoccupazioni. Altre volte partecipo a qualche evento di famiglia o faccio loro una visita quando sono malati, mi rallegro per i loro successi professionali o personali, oppure li consolo nei momenti di afflizione. Cerco di avvicinare a Dio le persone che tratto, naturalmente senza forzare la volontà di nessuno, perché alla fine tocca a ciascuno prendere le decisioni che la coscienza gli indica.

Ma questo non è un compito proprio dei sacerdoti? Logicamente, anche il celibato sacerdotale è essenzialmente apostolico, e pertanto va unito a una donazione piena di chi lo vive. Ebbene, conviene ricordare che il Concilio Vaticano II ha confermato l'importanza del sacerdozio comune di tutti i battezzati, e questo li dovrebbe indurre a mettere a fuoco la loro vita secondo una vocazione apostolica, indipendentemente dal loro stato e condizione. C'è tanta oscurità nel mondo, tante persone lontane da Dio, che c'è lavoro per tutti. I sacerdoti prima di tutto in ciò che solo loro possono fare: amministrare i sacramenti, predicare la Parola di Dio, organizzare la vita di pietà delle parrocchie... I laici sono chiamati a santificare il «mondo da dentro», portando la parola di Gesù e la testimonianza di una vita cristiana in tutti gli ambiti della società: la scienza, la cultura, la sanità, l'educazione, il mondo imprenditoriale e sportivo. La caratteristica del celibe laico non è la predicazione pubblica del Vangelo, ma la vicinanza spirituale con gli amici e i colleghi, l'ansia di mostrare loro il volto amabile di Gesù, in molteplici maniere, secondo la situazione di ogni persona.

Secondo l'indicazione di san Giovanni Paolo II nell'esortazione apostolica *Christifideles laici*:

> *...la Chiesa sollecita i fedeli laici ad essere presenti, all'insegna del coraggio e della creatività intellettuale, nei posti privilegiati della cultura, quali sono il mondo della scuola e dell'università, gli ambienti della ricerca scientifica e tecnica, i luoghi della creazione artistica e della riflessione umanistica. Tale presenza è destinata non solo al riconoscimento e all'eventuale purificazione degli elementi della cultura esistente criticamente vagliati, ma anche alla loro elevazione mediante le originali ricchezze del Vangelo e della fede cristiana* (Giovanni Paolo II, 1988, 44).

Naturalmente, questo non è un compito esclusivo dei laici celibi, ma anche di quelli sposati, di tutti i fedeli laici, che debbono sentire la responsabilità di testimoniare e proporre la loro fede, in modo amabile, in tutti gli ambienti che sono soliti frequentare. Comunque, a coloro che hanno ricevuto il carisma del celibato compete di farlo con una maggiore dedizione. Un marito o una moglie cristiani possono dedicare alcune ore ad altre coppie di coniugi o collaborare nelle attività di formazione cristiana o in opere sociali, ed è molto bello che lo facciano, ma senza perdere di vista che la loro principale responsabilità è la loro famiglia: il coniuge, i figli, o anche altri familiari che vivono con loro. Per ciò che lo riguarda, un celibe ha molta più disponibilità a trovarsi dove e quando sia necessario, e proprio in questa dedizione del meglio del suo tempo, dei suoi interessi, delle possibilità di una sua crescita professionale o sociale sta la più profonda radice della sua gioia. La principale "*ricompensa*" per l'anima di un celibe è rendersi conto che la sua vita è feconda, che Dio opera attraverso il suo esempio, la sua parola, il suo servizio, perché la chiave della gioia è l'amore che produce la generosità:

Quel che occorre per raggiungere la felicità non è una vita comoda, ma un cuore innamorato (San Josemaría Escrivá, 1986, n. 795).

Quando dicevo che le attività che promuove o alle quali partecipa un celibe laico sono dirette al bene spirituale delle persone, non volevo affermare che riescono necessariamente a convincere qualcuno a orientare meglio la sua vita verso Dio. Avvicinare a Dio i nostri colleghi di lavoro, gli amici o i parenti è un'aspirazione che tutti – celibi e sposati – abbiamo nella Chiesa, come conseguenza dell'espresso mandato di Gesù: "Andate dunque e ammaestrate tutte le nazioni, battezzandole nel nome del Padre e del Figlio e dello Spirito Santo, insegnando loro ad osservare tutto ciò che vi ho comandato" (Mt 28, 19-20). Questo non significa che ci trasformiamo in "predicatori ufficiali", che andiamo in giro col catechismo in mano parlando di Dio a proposito e a sproposito. L'apostolato ha molte manifestazioni, alcune più esplicite (una conversazione su un argomento di fede o di morale) e altre meno (offrire preghiere o mortificazioni per le persone che amiamo). Il servizio che offriamo agli altri – i nostri beni, il nostro tempo, il nostro affetto, o magari solo un nostro sorriso – non è legato al fatto che queste persone siano o meno vicine alla Chiesa. Come ha detto chiaramente Benedetto XVI nella sua prima enciclica: «L'amore è gratuito; non viene esercitato per raggiungere altri scopi» (Benedetto XVI, 2006, n. 31). La dedicazione dell'anima di un celibe alcune volte si orienterà verso attività dirette a persone che sono già cattoliche convinte, per esempio attraverso lezioni di formazione dottrinale-religiosa o attività di sostegno spirituale; altre volte sarà diretta a persone che cominciano a interessarsi della fede, forse dopo anni di assopimento, e a tante altre persone che possono essere piuttosto lontane dalle pratiche religiose oppure anche essere credenti di altre religioni.

Alcuni anni fa ho letto un libro di testimonianze scritto da alcune donne dell'Opus Dei. Alla domanda: «Che cosa ti dà gioia nella vita?», una di esse rispondeva:

Secondo me, fare il mio lavoro e farlo bene per amore di Dio. Questo è tutto ciò che si propone l'Opus Dei. Però noto anche che facendo il mio lavoro per amore di Dio, lo sto facendo per servire altri. E ciò che realmente mi fa felice è servire gli altri, perché sono sicura che se riflettiamo su questo punto, scopriremo che i momenti più felici della nostra vita sono quelli in cui non pensavamo a noi stessi, ma a quegli altri che stavamo aiutando (Doherty, 2009, 147).

Anche se umanamente possono esserci momenti in cui questa ansia di servizio sia meno presente, la vita del celibe si riempie realmente quando si svuota di se stesso e si riempie di Dio e degli altri. Vivere integralmente il celibato significa lasciare che il Signore colmi pienamente la nostra affettività in modo che diventiamo sempre più generosi con i nostri talenti, con il nostro tempo, con le nostre capacità, messe al servizio di coloro che frequentiamo: familiari, amici e colleghi di lavoro, prima di tutti, e poi – in circoli concentrici – tutti gli altri, fino ad arrivare all'umanità intera.

Invece, quando la donazione a Dio viene messa in discussione, quando attenuiamo il nostro impegno personale nell'orazione, nella mortificazione, nella generosità del nostro tempo, l'anima tende a inaridirsi, perde ogni energia. Prima subentra la routine, poi la tiepidezza, la mediocrità dell'anima, poi la ricerca di compensazioni, che sono surrogati della vera felicità e spesso la contraddicono. Credo che Papa Francesco definisca bene questa situazione di anemia spirituale quando, nella sua esortazione apostolica *Evangelii gaudium*, ci diceva:

> *Quando la vita interiore si chiude nei propri interessi non vi è più spazio per gli altri, non entrano più i poveri, non si ascolta più la voce di Dio, non si gode più della dolce gioia del suo amore, non palpita l'entusiasmo di fare il bene. Anche i credenti corrono questo rischio, certo e permanente. Molti vi cadono e si trasformano in persone risentite, scontente, senza vita. Questa non è la scelta di una vita degna e piena, questo non è il desiderio di Dio per noi, questa non è la vita nello Spirito che sgorga dal cuore di Cristo risorto* (Papa Francesco, 2013, n. 2).

Di conseguenza, noi celibi dovremmo rivedere spesso qual è la nostra disponibilità per le attività apostoliche, in che cosa investiamo il nostro tempo, se tutto dipende dal servizio agli altri, oppure se andiamo a mezzo gas, con poca gioia, cercando di soddisfare i nostri piccoli egoismi. La gioia si unisce alla dedizione generosa. È come un termometro che ci indica a che punto è una infezione. Qualcosa non va bene nel nostro corpo quando la temperatura sale; qualcosa non va bene nella nostra anima quando aumenta la tristezza.

Come hanno affermato molti autori spirituali, le virtù ci permettono di volare in alto, come gli uccelli che raggiungono grandi altezze, ma comportano una lotta interiore. Gli uccelli non badano al peso delle ali, ma all'altezza che esse permettono loro di raggiungere. È indispensabile chiedere al Signore di mantenere sempre viva in noi la motivazione del «primo amore», la generosità di rispondere incondizionatamente al carisma ricevuto, così da essere buoni strumenti nelle sue mani dandoci agli altri senza ripiegarci in noi stessi.

Con il passare degli anni il celibe laico dovrà mettere in atto questi aneliti di piena donazione agli altri, per amore a Dio, giacché la tendenza naturale ci può condurre a un certo egoismo, dovuto alla tendenza a rifugiarsi nella comodità di un proprio spazio vitale. La solitudine è cosa molto buona in determinati momenti della vita, ma è anche necessario essere vigilanti affinché non degeneri nella preparazione di una nicchia di compiacimento: i nostri libri, la nostra musica, i nostri orari, i nostri gusti gastronomici, il nostro tempo libero... Come dice un buon amico poeta: «Aprire il cuore a tutti vuol dire rinunciare alla propria casa» (Cebrián, 1985). Se abbiamo dato tutto dobbiamo rinunciare persino alla nostra casa, non nel senso materiale (da qualche parte bisogna pur vivere!), ma in quello che si riferisce a uno spazio intimo nel quale noi siamo gli unici ben accolti.

Secondo la mia esperienza personale, il miglior investimento del mio tempo è quello che si rivela utile agli altri, sia nel lavoro – che cerco di fare con spirito di servizio e qualità professionale -, che nei rapporti di amicizia. La mia condizione di celibe mi permette di avere più tempo a disposizione da dedicare ad altre persone, e questo mi ha permesso di ampliare enormemente la cerchia di persone che posso considerare amici. È stato detto, con piena ragione, che avere amici è un gran tesoro: persone che ci vogliono bene e alle quali vogliamo bene, che ci trattano con affetto, che ci confidano i loro problemi o ascoltano i nostri, che ci consolano nei momenti difficili o che si aspettano di essere consolati, che ci sostengono in ogni momento. Il pagano Cicerone diceva giustamente: «Non so se, ad eccezione della sapienza, gli dei immortali abbiano concesso all'uomo qualcosa di meglio dell'amicizia».

Però l'amicizia richiede anche impegno, generosità, dedicazione di tempo e di affetto. Grazie al fatto che ho potuto dedicare agli altri un tempo che altrimenti avrei dedicato sicuramente a creare una mia famiglia, posso dire pieno di gratitudine che ho molti amici. Non sempre posso dedicarmi a loro con l'attenzione che vorrei, ma almeno li ho presenti nella mia orazione e faccio in modo di stare con loro ogni volta che altri obblighi me lo permettono. Raramente accade che durante una settimana non veda quattro o cinque amici a casa loro, in un bar o nel centro dell'Opus Dei al quale collaboro. Si tratta di conversazioni su cose quotidiane, di gioie e di preoccupazioni, di argomenti familiari o professionali; ascolto e imparo, cerco di aiutare.

Oltre a questa attività, che mi sembra l'essenza della dedicazione agli altri di un celibe laico, cerco di dedicare anche alcune ore libere a portare avanti alcune iniziative di formazione cristiana, come lezioni di dottrina, corsi di formazione ascetica o attività culturali di vario tipo. Quasi sempre queste attività danno luogo a nuove amicizie, dalle quali imparo grazie alle loro virtù e che cerco di convincere a fare passi avanti nella loro vita spirituale, perché avvicinare gli altri a Dio – naturalmente, rispettando la loro libertà – è indubbiamente il miglior regalo che possiamo far loro.

Riassumendo, sarebbe molto grossolano considerare il celibato come una semplice rinuncia al matrimonio, e ancora peggio come la scelta di una vita «senza complicazioni». Si tratta di un carisma che richiede sempre un servizio agli altri a misura dei nostri talenti culturali e spirituali. La generosità che porta a dedicare il nostro tempo libero a occuparci degli altri fa parte del motivo del nostro impegno vocazionale, perché per un laico il celibato sarà sempre apostolico. Stimolare la generosità nel continuare a dedicare tempo agli altri e non a noi stessi fa parte della lotta positiva di un celibe per essere fedele al proprio carisma.

4.5 All'ombra della Croce

L'amore promette infinità, eternità — una realtà più grande e totalmente altra rispetto alla quotidianità del nostro esistere. Ma al contempo è apparso che la via per tale traguardo non sta semplicemente nel lasciarsi sopraffare dall'istinto. Sono necessarie purificazioni e maturazioni, che passano anche attraverso la strada della rinuncia. Questo non è rifiuto dell'eros, non è il suo «avvelenamento», ma la sua guarigione in vista della sua vera grandezza (Benedetto XVI, 2006, n. 5).

Queste parole di Benedetto XVI nella sua prima enciclica (*Deus Caritas est*) ci inquadrano perfettamente la sana tensione interiore che qualunque anelito di arricchimento spirituale porta con sé. Come l'amore umano, anche l'amore divino richiede sacrifici, rinunce. Quando un amore cerca esclusivamente ciò che è piacevole, diventa un amore egoista e in realtà non è più amore perché è concepito come realizzazione personale, mentre l'essenza dell'amore più nobile è la donazione, il darsi, e paradossalmente in ciò consiste la gioia principale che porta con sé.

Il sacrificio è una componente universale di qualunque religione. In origine la parola indicava la trasformazione di qualcosa in sacro (*sacrum facere*). Il termine si applica soprattutto a due elementi, al sacrificio rituale (che si offre a Dio in una cerimonia, come, per esempio, nel caso della Messa) e la negazione di una determinata tendenza come un'offerta a Dio (per esempio, digiunare in determinati giorni), che si può fare anche per ottenere un abito virtuoso.

Nella sua prima accezione, nelle religioni più primitive, il sacrificio si associava a un'offerta esteriore che mirava a placare l'ira degli dei o a ottenere i loro favori. Questi sacrifici includevano riti durante i quali si offrivano vittime che rappresentavano, in qualche modo, la comunità in preghiera. Nell'Antico Testamento questa tendenza assume aspetti molto più profondi. I sacrifici consistono in offerte rituali a Dio, di solito animali domestici. Il sacrificio più importante è quello dell'agnello pasquale, che simbolizza la liberazione dall'Egitto del popolo d'Israele, come è narrata nel capito 12 dell'Esodo, e che costituisce la festa liturgica più importante del calendario ebraico, oltre ad essere il simbolo della Pasqua cristiana. Queste offerte rituali comportano la richiesta del favore di Yahvé, il ritorno a Dio dei beni che gratuitamente ci dà o l'espiazione dei peccati commessi.

A partire dal sacrificio di Cristo sulla Croce, non è più necessaria alcuna offerta cruenta. Egli è il vero Agnello di Dio, che ha tolto il peccato dal mondo e con la sua morte ci ha ottenuto la Redenzione dal peccato. Naturalmente il sacrificio di Gesù sulla Croce è sovrabbondante, perché Egli è perfetto Dio e perfetto Uomo, e non è più necessario, in senso stretto, nessun altro sacrificio per pagare i nostri peccati. Tuttavia Dio ha voluto anche associarci alla sua opera di redenzione, permettendo che qualunque rinuncia facciamo possa unirsi all'unico sacrificio redentore di suo Figlio. Questo è il senso delle parole di san Paolo:

Perciò sono lieto delle sofferenze che sopporto per voi e completo nella mia carne quello che manca ai patimenti di Cristo, a favore del suo corpo che è la Chiesa (Col 1, 24).

Questo è anche il motivo principale del sacrificio cristiano, quello che cerchiamo volontariamente o quello che accettiamo (malattie, contrarietà di ogni tipo...): arrivare attraverso il dolore a condividere in qualche modo la Croce di Cristo, tenendogli compagnia sulla via verso il Golgota. Non si tratta, ripeto, di ampliare il Suo sacrificio, ma di unirci a Lui. Se possiamo dire così, la mortificazione cristiana si propone come un piccolo "aiuto" alla Redenzione, che ha valore solo nella misura in cui si unisce alla Croce di Gesù.

Se vogliamo frequentare Gesù da vicino, prima o poi ci imbatteremo nella Croce. Gesù non soffrì in continuazione, per molti anni visse un'esistenza «normale», nella sua famiglia, lavorando in un villaggio sperduto di una regione periferica dell'Impero romano. La sua Incarnazione sarebbe stata sufficiente a ottenere la Redenzione dell'Umanità, ma Dio ci ha voluto dimostrare il suo amore fino al punto di dare la propria vita per noi in un tormento terribile, offrendo tutto il suo Sangue in riscatto dei nostri peccati. Se Gesù ha voluto redimerci così, con tutto il dolore della sua Passione, appare coerente che la vita cristiana sia associata a questo sacrificio di Gesù, in cui tutto il dolore che possiamo soffrire nella nostra vita raggiunge un pieno significato. La Croce non è una specie di logotipo del cristianesimo, ma ha un senso molto profondo, che evidenzia come l'amore (in origine l'amore di Gesù Cristo a tutta l'umanità) comporti la donazione di se stesso agli altri (Redenzione). Ecco perché stare vicino a Gesù vuol dire stare vicino alla Croce, al sacrificio, benché questo sia perfettamente compatibile con la serenità e con la gioia interiore. Lo spiegava molto bene Pablo Dominguez Prieto, un mio amico sacerdote di grandi qualità umane e spirituali, nel predicare un ritiro a una comunità di religiosi pochi giorni prima di morire in un incidente di montagna:

Certe volte nella nostra vita l'amore si può man mano mescolare con altri tipi di esperienze [...]. Oggi dobbiamo chiedere allo Spirito Santo di purificare fino in fondo la nostra anima in modo che nella nostra vita ci sia solo amore! E l'amore è sempre crocifisso, passa sempre attraverso la Croce, sempre, sempre! Sempre è sempre, non esistono eccezioni (Dominguez Prieto, 2009, 160).

Questa ricerca volontaria della mortificazione fa parte dell'offerta a Dio del proprio corpo che fanno tutti i cristiani. Siamo spirito e materia, e questi sacrifici costituiscono, alla fin fine, una modalità di dialogo con Dio attraverso la nostra corporalità. La vita del celibe è un'offerta della sua completa integrità, anima e corpo, per cui l'orazione dell'anima (meditazione) dovrebbe essere integrata dall'orazione del corpo (mortificazione). Abitualmente essa consisterà nel rifiutare piccole cose:

gusti personali, piatti preferiti, tempo di riposo...; altre volte offriremo una mortificazione più consistente (digiuni, lavori più sgradevoli...), e altre volte ancora sarà l'accettazione gioiosa delle contrarietà della vita: malattia, morte di persone amate, sensazione di abbandono o di solitudine. L'unione con la Croce di Cristo ci permetterà di dare un senso al dolore fisico o morale, anche se umanamente ci ripugna. Egli ci ha dato l'esempio anche in questo. Basta leggere i momenti iniziali della sua Passione nell'orto degli ulivi per renderci conto che anche a Gesù costò, umanamente, ciò che Dio gli aveva chiesto ("Padre, se vuoi, allontana da me questo calice!"), anche se poi la sua obbedienza appare chiara: "...tuttavia non sia fatta la mia, ma la tua volontà" (Lc 22, 42).

Anche se queste situazioni si presentano a qualunque cristiano, in una persona celibe si possono presentare con sfumature particolari. In determinati momenti il Signore può permettere situazioni di maggior conflitto interiore, quando l'impegno a una vita di completa donazione a Dio e agli altri sembra sgretolarsi e la volontà s'indebolisce fino al punto di volersi «disfare di tutto». È il momento di ricordare la motivazione idealista che ha dato origine alla nostra decisione di corrispondere all'invito del Signore, di confidare in Dio, in sua Madre, che è anche Madre nostra, e di contemplare il passaggio di Gesù sulla via del Calvario, chiedendogli di essere Lui il nostro cireneo:

> *Mi hai detto: Padre, sto attraversando un momento veramente brutto. E ti ho risposto all'orecchio: prendi sulle tue spalle una piccola parte di questa croce, soltanto una piccola parte. E se nemmeno così ce la fai... lasciala tutta intera sulle spalle forti di Cristo. E, fin da ora, ripeti con me: "Signore, mio Dio: nelle tue mani abbandono il passato, il presente e il futuro, le cose piccole e le grandi, il poco e il molto, ciò che è temporale e ciò che è eterno". E rimani tranquillo* (San Josemaría Escrivá, 1981, VII Stazione, 3).

Insieme all'offerta della nostra vita, anima e corpo, anche la mortificazione cristiana si rivela indispensabile per progredire nella via delle virtù, quegli abiti che ci aiutano a essere persone migliori, a superare i nostri difetti. Dato che questo dipende dal nostro carattere, può essere per ciascuno di noi più o meno facile essere generosi, pazienti, umili, ordinati o casti, e la migliore mortificazione è quella che suscita queste virtù, respingendo i vizi che le ostacolano. Il sacrificio che richiede il superamento dei nostri difetti non è esclusivo della vita cristiana, ma occorre anche per raggiungere mete più elevate nel mondo professionale, sociale, sportivo: nulla di quello che ha realmente un valore si ottiene senza sforzo.

Alcuni mesi fa leggevo una intervista a Mireia Belmonte, la migliore nuotatrice spagnola della nostra storia. A parte le sue qualità fisiche – che a quanto pare sono eccellenti per questo sport -, il «segreto» dei suoi successi sportivi è che si allena 10 ore al giorno; naturalmente questo comporta molteplici sacrifici, e sono sicuro che in certi giorni le appariranno particolarmente severi; ma questo è il prezzo che paga per praticare uno sport al più alto livello. Lo stesso possiamo dire di scrittori o artisti molto noti, che hanno raggiunto mete molto alte perché hanno profuso un grande impegno per arrivare a tanto. In sostanza, per raggiungere un obiettivo realmente valido è necessario fare sacrifici, con molte ore di dedicazione. Anche quando uno non voglia partecipare a competizioni di alto livello, ma si accontenti di praticare uno sport in un modo un po' più esigente, come correre una mezza maratona, occorre esercitarsi continuamente, non solo la settimana prima della competizione, perché altrimenti la cosa più normale è che finisca con l'essere esausto già nei primi chilometri.

Anche nella vita spirituale abbiamo bisogno di mantenere la «muscolatura interiore» sufficientemente allenata perché risponda bene alle nostre decisioni. Il danneggiamento della natura umana come conseguenza del peccato originale riguarda più o meno tutti noi; per citare soltanto alcune delle tendenze più diffuse, chi non è pigro, superbo, avaro, egoista, ghiottone o lussurioso? Constatata questa realtà universale, uno può scegliere di nascondere la testa sotto terra, come fa lo struzzo, e continuare a stimolare quelle passioni che ci danneggiano come persone, oppure sforzarsi, lottare interiormente, almeno per attenuare i nostri vizi e stimolare le virtù opposte. «Ciò che si deve fare, si fa... Senza tentennare... Senza riguardi» (Cammino, n. 11) raccomandava san Josemaría, e il consiglio può aiutarci quando sentiamo la tentazione di capitolare ancora una volta in qualcosa che sappiamo ci migliorerà come persona e farà felici coloro che noi frequentiamo.

Sono sempre più convinto che la principale limitazione della libertà umana sia proprio questa fiacca interiore che ci fa essere incapaci di fare le cose che ci proponiamo, che ci mostra le continue sconfitte che subiamo quando vogliamo raggiungere le mete prefissate. Molti anni fa sono rimasto impressionato nel leggere il diario di una adolescente ebrea, Anna Frank, che cerca di scuoterci da quel conformismo gradevole che suole giustificare i nostri cedimenti:

> *Onestamente non posso immaginare che qualcuno dica: "sono debole" e rimanere così. Dopotutto, se lo sai, perché non lottare contro ciò, perché non provare a modificare il tuo carattere? La risposta potrebbe essere: "Perché è molto più facile non farlo". Questa risposta mi avvilisce. Facile? Questo significa che una vita pigra e mediocre è una vita facile? No, questo non può essere vero, non deve essere vero, che la gente sia tanto facilmente tentata dalla fiacca o dal denaro* (Frank, 1944).

Se spesso non siamo capaci di mettere in pratica i propositi che facciamo, sarà perché sono poco realistici o perché la nostra libertà è appesantita da una tiepidezza paralizzante. Ovviamente tutti noi abbiamo dei difetti e siamo incappati in insuccessi; non sto raccomandando di trasformarci in una sorta di androidi, di robot, che rispondano immancabilmente a una programmazione, ma vorrei suggerire soltanto di allenarci quel tanto che è necessario per essere capaci di portare a termine quello che ci proponiamo di fare; per diventare così, semplicemente, degli esseri liberi. È libero colui che sceglie consapevolmente il bene che conosce e lo persegue. Se non facciamo quello che vogliamo fare, perché ce lo impediscono i nostri abiti negativi, dobbiamo perfezionare la nostra libertà mediante il sacrificio personale e, naturalmente, la grazia di Dio.

Una persona celibe avrà nella sua vita molte occasioni in cui sarà necessario esercitare, anche eroicamente, la capacità di auto-dominio, rifiutandosi di seguire i suggerimenti dei propri istinti naturali. Non mi riferisco soltanto all'istinto sessuale, così importante e radicato nella natura umana, ma anche ad altre tendenze disordinate, che il celibe dovrà respingere con fermezza. Il proverbio castigliano «alla pentola che bolle, nessuna mosca osa avvicinarsi» si può applicare bene a tale contesto. Quando nell'anima di un celibe c'è una sana lotta interiore, un profondo interesse di curare il proprio rapporto con Dio nell'orazione e nei sacramenti, un desiderio di darsi agli altri, una vita professionale esigente..., le tentazioni perdono forza e rimangono ai margini.

Ecco perché una parte fondamentale dell'esperienza vissuta nel celibato è la lotta interiore, una tensione amabile per mantenere il nostro corpo e la nostra anima in sintonia con la nostra volontà che ci permetta di affrontare tutte le vicende legate alla vita da celibe. La sapienza popolare assicura che «con una frittella soldi non se ne possono fare». È indispensabile dominare il nostro corpo perché faccia, puramente e semplicemente, quello che vogliamo fare noi. Fortificare il carattere, esercitare l'auto-dominio nelle più diverse situazioni, cominciando dalle cose piccole che aiutano a generare un abito: piccoli sacrifici nei pasti o nel bere, nel portamento, nella puntualità, nell'attenzione ad altre persone. Diceva Gandhi, che scelse di vivere nella completa continenza sessuale alcuni anni dopo essersi sposato: «Per esperienza personale, sono arrivato alla conclusione che l'osservanza del celibato è comparativamente facile se uno è riuscito a dominare il piacere». Mi sembra un consiglio piuttosto sensato. Se manteniamo il nostro corpo ragionevolmente «a bada», per esempio praticando con frequenza il digiuno (astenerci da un pasto o ridurlo all'essenziale), lavorando intensamente nelle ore dovute, riducendo i nostri gusti per dedicare più tempo agli altri, ecc., poi sarà più facile imbatterci in quelle esigenze che comportano l'astinenza sessuale, inserendo questo sacrificio in un ambito di donazione a Dio e agli altri attraverso Lui, che è la motivazione finale di questo sacrificio.

Un campo ovvio di sacrificio interiore per una persona celibe sarà quello diretto a evitare stimoli sensoriali capaci di provocare il nostro istinto sessuale (film, annunci, riviste, situazioni...). Purtroppo la società di oggi ha trasformato il sesso in una materia di consumo di massa, un affare che muove migliaia di milioni di euro e che non conosce limiti, età e luoghi. In un quadro come questo filtrare i contenuti che potrebbero arrecare danno alla sensibilità di una persona casta diventa un lavoro praticamente impossibile, soprattutto per una persona che vive in mezzo al mondo, che ha un più facile accesso a questi stimoli; però su questo punto è necessario essere esigenti, evitando anche la curiosità che finisce con l'intiepidire l'anima. San Josemaría, con la sua vasta esperienza nella direzione di anime, ci dava un consiglio soprannaturale pieno di buon senso:

> *Sguazzi nelle tentazioni, ti esponi al pericolo, giochi con la vista e con l'immaginazione, parli di... scempiaggini. – E poi ti meravigli che ti assalgano dubbi, scrupoli, confusioni, tristezza e sconforto. – Devi concedermi che sei poco coerente* (San Josemaríá, 1986, n. 132).

Per qualunque cristiano onesto, ma in modo ancora più rilevante per chi si proponga di vivere il celibato spirituale, appare irrinunciabile evitare «concessioni» su questo terreno, per piccole che possano sembrare. Forse da una persona assuefatta alla pornografia certe immagini o dei film in cui si stimola la passione sessuale possono essere giudicati insignificanti; ovviamente, per una persona che si proponga una vita da celibe saranno assai dannosi: non solo non lo aiutano per niente sul piano del significato finale della sua vocazione, ma lo rendono torpido in maggiore o minore misura. D'altra parte, non dobbiamo dimenticare l'effetto distruttivo che la pornografia ha sulla psicologia di molte persone, in quanto finiscono col generare in loro dipendenze veramente patologiche. L'amore a Dio e l'amore alle persone che ha creato, uomini e donne, ci convincerà a tenerci lontani da pubblicazioni, spettacoli o siti web dove si offende gravemente Dio, deformando in modo grossolano l'immagine divina che ogni essere umano rappresenta.

Come abbiamo già detto in altri capitoli, questa tensione interiore dell'anima di un celibe, che lo induce a evitare stimoli dannosi, dovrebbe essere impostata sempre in un tono positivo, che lo porti a mettere l'accento nel riuscire ad amare più e meglio, invece di soffermarsi esclusivamente nell'evitare qualsiasi occasione di degradare l'amore. Mi sembrano poco confortanti le conversazioni che dedicano più tempo a parlare dei vizi che delle virtù che li correggono. Sul terreno della castità non c'è dubbio che vi siano molte situazioni che un cristiano onesto, e non solo un celibe, deve evitare, ma nello stesso tempo non mi sembra incoraggiante impostare l'esigenza su questo terreno come qualcosa di negativo, come se obiettivo ultimo fosse quello di evitare certi ambienti, certe persone, certe pubblicazioni, ecc., e ancor meno come qualcosa di ossessivo, come se tutti gli ambienti, tutte le persone, tutte le pubblicazioni, ecc., attentassero alla virtù della castità. Non v'è dubbio che preservare un celibato vissuto in mezzo al mondo richiede prudenza, ma non dobbiamo perdere di vista che se il celibato è un dono di Dio – che in questo caso ce lo dà per praticarlo proprio nel mondo -, è proprio in mezzo al mondo che Egli vuole che lo pratichiamo.

Non possiamo farci piccoli piccoli in certi ambienti. Raccolti, cercando di conservare il filo della preghiera in tutti i luoghi, ma non contratti, perché Dio ci ha dato una vocazione con le relative grazie per portare avanti le varie attività oneste.

Un giudizio spassionato e magari il consiglio di qualcuno che ci conosca bene sono buone guide per distinguere che tipo di relazioni, di ambienti e di attività possono diminuire la nostra temperatura spirituale da quelle in cui la nostra presenza contribuirà a innalzarla. Non si tratta di ossessionarsi con pericoli continui, ma semplicemente di essere prudente e sapere – seguendo un consiglio del beato Álvaro del Portillo che ho letto tempo fa -, che se uno cerca di evitare gli ambienti oggettivamente dannosi, e vive con rettitudine d'intenzione e con coerenza la sua vocazione di celibe, Dio gli darà l'aiuto necessario per vivere con fedeltà nel suo stato, anche in un ambiente dannoso che non ha cercato.

4.6. L'affetto fraterno

Un fratello offeso è più irriducibile d'una roccaforte (Prv 18, 19).

Questa citazione del libro dei Proverbi ci serve per mettere in evidenza l'importanza che nella vita di un celibe ha il rapporto fraterno con altri celibi. Abitualmente nella Chiesa cattolica il celibato dei laici esiste in quelle istituzioni dove vivono altre persone celibi che hanno la medesima vocazione. Sono persone che inoltre hanno introdotto nella loro vita le nostre stesse motivazioni, che possono svolgere occupazioni professionali, inclinazioni, ideologie politiche o sociali diverse dalle nostre, ma che condividono con noi ciò che sta alla base della nostra vita: una completa dedizione a Dio e agli atri attraverso di Lui, nell'ambito di un determinato carisma spirituale.

Se ogni persona ha bisogno dell'amore degli altri, un celibe che non è sostenuto dall'affetto di un coniuge e di alcuni figli ne ha bisogno se è possibile in modo speciale. Abbiamo già detto che il suo amore principale si nutre del rapporto affettuoso con Dio e delle relazioni di amicizia che avrà con tante persone che, in un modo o in un altro, beneficiano delle sue attività apostoliche. Ciò nonostante, sarà anche di grande consolazione contare sull'appoggio di altri celibi che vivono la sua stessa vocazione, soprattutto nei momenti di travaglio interiore, di crisi professionale o di malattia.

Alcuni anni fa ho visto un quadro di un pittore statunitense contemporaneo, che mostrava un bambino vestito da Superman mentre passeggiava per la strada aggrappato alla mano di suo padre. Il quadro s'intitolava, molto significativamente, «Persino Superman ha bisogno di un padre». Tutti abbiamo bisogno dell'affetto e del sostegno di altre persone. Anche se le nostre disposizioni sono molto generose, vi saranno dei momenti in cui avvertire, anche fisicamente, l'affetto degli altri sarà la chiave per reggere la nostra stessa vita. Dato che la fraternità è una dimostrazione basilare dell'amore cristiano, noi che cerchiamo di praticare una completa dedicazione a Dio, dovremmo anche generare attorno a noi un clima amabile, accogliente, che renda molto più accogliente la vita di donazione ad altre persone che condividono la nostra stessa vocazione. In questo quadro, l'esercizio della carità fraterna tra persone celibi acquista una particolare importanza.

Nella mia esperienza personale questo aspetto dell'affetto fraterno tra celibi assume una grande importanza per vivere la dimensione affettiva propria di qualunque persona, senza confondere, logicamente, l'amore di amicizia con l'amore coniugale, che ha manifestazioni ben diverse. Nell'Opus Dei abbiamo la fortuna che l'ambiente di famiglia faccia parte del carisma fondazionale ricevuto da san Josemaría, e pertanto è abbastanza naturale che si noti un tono di affetto e di sostegno reciproco, in particolare con le persone che pratichiamo il celibato, sia nei centri dell'Opus Dei, dove alcuni membri celibi vivono nello stesso clima di una famiglia cristiana, sia tra quelli che viviamo nelle nostre case. Circostanze particolari di vita quotidiana come assistere uno che si è ammalato, accompagnarlo dal medico, festeggiare il suo compleanno con qualcosa di speciale a pranzo, partecipare a una gita in campagna o a una gara sportiva, fanno parte dell'affetto umano tra noi, che cerchiamo anche di estendere ai membri sposati della Prelatura, in accordo con le situazioni familiari di ciascuno.

Non conosco bene altre istituzioni cattoliche, ma immagino chc ambiti simili di affetto fraterno siano comuni a tutte, perché non sono altro che una manifestazione concreta della dedizione agli altri esercitata dal celibe: «gli altri» comprendono anche gli altri celibi, ai quali dobbiamo dedicare buona parte delle nostre attenzioni e del nostro affetto. Come ha detto recentemente Papa Francesco, riferendosi al clima di carità che dovrebbe regnare all'interno della Chiesa,

> *Che tutti possano ammirare come vi prendete cura gli uni degli altri, come vi incoraggiate mutuamente e come vi accompagnate: «Da questo tutti sapranno che siete miei discepoli: se avete amore gli uni per gli altri»* (Gv 13,35) (Papa Francesco, 2013, n. 99).

Più sopra abbiamo citato la frase di san Giovanni Paolo II sul celibato: «Vivere soli perché gli altri non lo siano». Possiamo dire che in fondo neppure un celibe dovrebbe vivere solo, nel senso di non avere nessuno che lo guidi, perché altri celibi dovrebbero vegliare sulla sua salute fisica e spirituale. Questo è vero per i celibi laici, ma anche per i sacerdoti e i religiosi. È penoso vedere come alcuni sacerdoti anziani vivono soli e male assistiti materialmente. Probabilmente questo è difficile da evitare quando si trovano presso popolazioni che vivono in territori remoti, dove è complicato lo scambio con altri sacerdoti, però dovrebbe essere più facile nelle città più grandi, dove condividere piccole residenze con altri sacerdoti potrebbe aiutarli notevolmente ad essere assistiti meglio.

In tutti gli anni da me vissuti nell'Opus Dei la fraternità è stata sempre un fattore chiave per affrontare con gioia la mia vocazione personale. Siamo esseri umani e abbiamo bisogno di sentire l'affetto come qualcosa di vivo che si manifesta in dettagli concreti. Grazie a Dio, ho avuto la fortuna di crescere in una famiglia stabile, dove i miei genitori si volevano molto bene e ci dimostravano in mille modi il loro affetto. Ho avuto la fortuna di vivere con loro fino alla loro morte, assistendoli il meglio che ho potuto negli ultimi anni da loro vissuti su questa terra. Ho sempre ricevuto nell'Opus Dei lo stimolo per trattarli con molto affetto e per estendere questo clima di famiglia alle persone con le quali in questi anni ho condiviso il centro dove ricevevo formazione. Se volessi enumerare i dettagli in cui si è manifestato questo affetto dovrei scrivere un altro libro. Qui basterà ricordare che quando è morta mia madre, la persona che più ho amato e che mi amava di più, in ogni momento sono stato circondato dall'affetto di altri membri dell'Opus Dei, che mi hanno dato l'incoraggiamento umano di cui in quei momenti particolarmente dolorosi avevo bisogno, anche vegliando con me il suo cadavere durante l'intera notte. La cosa si è ripetuta in occasione della morte di mio padre e dell'assistenza negli ultimi mesi della sua vita.

E non solo ho avuto prova di questa compagnia nelle circostanze difficili, ma anche in molti altri momenti di gioia, dalla lettura della mia tesi dottorale fino alla presa di possesso da parte mia della cattedra universitaria, senza contare la presentazione di libri o di attività professionali che mi stavano particolarmente a cuore. Dopo oltre dieci anni di vita fisicamente solitaria, continuo a sentirmi costantemente in compagnia di altri membri dell'Opus Dei, sia nel centro dove svolgo parte della mia attività apostolica, sia nella mia stessa casa o nella loro, quando festeggiamo un evento particolare o semplicemente stiamo insieme a chiacchierare. Mi piace stare con loro nei momenti di sport, nelle passeggiate in bicicletta, in qualche visita culturale o quando vediamo un film ... Naturalmente la maggior parte del mio tempo libero lo passo con i miei amici personali, ma la vicinanza con altre persone che condividono con me la vocazione al celibato in molti momenti diventa insostituibile.

In sostanza, la fraternità è una manifestazione d'amore a Dio, e questo è il principale ideale che persegue una persona celibe. È rivolta a tutti gli esseri umani con i quali intratteniamo rapporti quotidiani; ma, visto che la carità è ordinata, si rivolgerà soprattutto ai più vicini, a quelli che ci circondano. Se curiamo con grande diligenza la formazione spirituale e materiale di altri celibi, saranno abbondanti i frutti per loro e per le persone da loro frequentate. Siamo anima e corpo, e nei momenti di debolezza e di fiacca, di grande apatia spirituale, l'impulso dato da altre persone che seguono lo stesso nostro ideale di vita può essere alla fine la chiave per mantenerci fedeli.

4.7. La castità nel celibato apostolico

Il processo di sublimazione (degli affetti) può essere ambiguo se è inconsapevole ed è rivolto alla creazione di sostituti, ma può essere positivo e un segno di maturità se è motivato da ideali e vissuto con libertà. In tal senso, possiamo dire che c'è una dimensione della sessualità sperimentata anche dai celibi e una dimensione del celibato che spesso sperimentano anche le persone sposate, uomini e donne (Cantalamessa, 2005, 75).

Come in tutti gli esseri umani, l'attrattiva affettiva e fisica che porta con sé la sessualità è presente anche nella vita di un celibe e può risultare particolarmente attiva quando si vive il celibato in contatto quotidiano con colleghi dell'altro sesso. Inserire la tendenza sessuale in uno stato di vita che prevede l'assenza di relazioni sessuali, comporta per la persona celibe un esercizio di maturità affettiva e di auto-dominio in un diverso grado di intensità a seconda delle fasi della vita.

La lotta interiore perché questi impulsi naturali siano regolati in vista del fine ultimo che ci indica la nostra ragione e la nostra volontà – come vedevamo prima – dovrebbe essere orientata a elevare questi impulsi piuttosto che a eliminarli. Accade spesso che un celibe laico, durante le attività professionali e sociali, provi un'attrattiva sessuale verso altre persone. Questo non significa che non abbia il carisma del celibato, come del resto non rinnega il sacramento del matrimonio il fatto che una persona sposata si senta attratta da qualcuno che non è il suo coniuge. Come nel caso di chi è sposato, il celibe dovrà indirizzare questa attrazione rendendola compatibile col proprio impegno di vita, nel quale respingere un tale impulso fa parte di una offerta di vita sempre orientata all'amore a Dio e agli altri.

Il progetto di vita di un celibe è quello di dare la vita per gli altri. Da questo punto di vista, egli è tenuto ad essere allegro, sincero, cortese, competente nel suo lavoro... Se è un uomo e vede una bella giovane, può ricordarsi che non fa per lui, ma senza che questo invada continuamente i suoi pensieri(è una cosa simile a quello che succede a un uomo sposato che sa che nella sua vita c'è soltanto una donna) (Derville, 2015).

Praticare la completa continenza sessuale non è mai stato semplice, ma certamente nella società contemporanea la questione si complica ancora di più, perché sono state eliminate molte barriere che in passato rendevano più facile preservare l'intimità. Comunque il celibe laico sa che vive in questa situazione, e che in essa il Signore ha voluto dargli questo carisma. Se volesse chiudersi in se stesso temendo di mettere a rischio la sua donazione completa, forse gli starebbe per mancare la fiducia in Dio, che dà la sua Grazia a torrenti in tutte le circostanze.

Non ha alcun senso, per esempio, che un celibe laico ritenga che qualunque ambiente in cui convivono uomini e donne sia potenzialmente pericoloso per la sua fedeltà, perché questo vorrebbe dire evitare la stragrande maggioranza degli ambienti. Alla fin fine attualmente nel mondo ci sono circa 3.700.000.000 donne (un po' più degli uomini), sicché è normale che un laico celibe frequenti qualcuna di esse e che si stabilisca tra i due un rapporto cordiale e affettuoso. Lo stesso si può dire delle donne laiche nubili. Logicamente questo rapporto cordiale non è in contrasto con la prudenza di evitare certi ambienti in cui un celibe – e sicuramente ogni persona di una certa delicatezza interiore – incorrerebbe in un rischio ingiustificato. D'altra parte, il buon senso e la virtù della prudenza impronteranno le norme da seguire caso per caso. Un sacerdote nord-americano mi raccontava che, quando era il cappellano cattolico di una università statale, aveva delle relazioni con cappellani di altre confessioni cristiane, alcuni dei quali erano donne. Quando una di esse lo invitò a cena a casa sua, la risposta ovvia fu no, e la cosa apparve così chiara che non vi furono altri tentativi.

Prima ho detto che, in quanto persone complete, anima e corpo, la vita del celibe ha anch'essa questa dimensione spirituale e fisica. La prima è abbastanza chiara e l'abbiamo analizzata a lungo in questo libro; quale sarebbe però quella fisica? Si applica anche al celibe la frase «amare con il corpo» che san Giovanni Paolo II raccomandava agli sposi?

Devo confessare onestamente che su tale questione i riferimenti disponibili sono realmente assai scarsi, tanto per ciò che si riferisce al celibato dei laici, come a quello dei religiosi o dei sacerdoti. Di conseguenza, mi permetto di includere le mie riflessioni personali, ancora più personali di quelle inserite in altre parti di questo libro.

Riprendendo la definizione di celibe come colui che non è sposato, si potrebbe pensare che uno possa esercitare la sessualità genitale (scambio sessuale) senza arrecare danno al suo stato, ma questo per un celibe cristiano sarebbe un modo molto contraddittorio di risolvere la questione con l'intima motivazione del suo impegno di vita. Non sposarsi per amore a Dio ed esercitare la sessualità ignorando i disegni di Dio sarebbe quanto mai incoerente. Qui non faremmo altro che applicare la sentenza di san Paolo: «è meglio sposarsi che ardere» (1 Cor 7, 9), e a una persona celibe che non voglia adottare i mezzi per praticare la continenza sessuale raccomanderemmo di rinunciare a quell'impegno.

Allora, per un celibe l'alternativa è l'assenza completa del sesso? Come far fronte ai suoi impulsi naturali che gli ricordano assai spesso che è un essere sessuato? Esistono ambiti della sessualità che non intaccano la dedicazione esclusiva a Dio?

La Chiesa cattolica ha difeso fin dall'inizio del cristianesimo l'eccellenza del piacere sessuale nell'ambito della trasmissione della vita e dell'unità tra gli sposi. Viceversa, come afferma con chiarezza l'ultima edizione del catechismo:

Il piacere sessuale è moralmente disordinato quando è ricercato per se stesso, al di fuori delle finalità di procreazione e di unione (CCC 1992, 2351).

Dato che nessuna di queste due finalità, che per se stesse sono intrinsecamente unite, fa parte della vocazione al celibato, è ovvio che il piacere venereo non appare compatibile con l'esperienza sessuale di un celibe. Questo si riferisce anche alla masturbazione, che sarebbe una maniera sbagliata di cercare un'alternativa al piacere dell'unione sessuale. Si tratterebbe di illusioni che non producono altro che piaceri effimeri, che non riempiono l'anima, perché la motivazione ultima dell'anima di un celibe è l'Amore, la donazione di se stesso, e nel piacere venereo staremmo cercando la felicità per una via egoista, capace di soddisfare solo e momentaneamente chi lo esercita.

Detto questo, è bene anche ricordare che oltre a ciò esistono eccitazioni naturali che non sono peccaminose. Conoscere la propria sessualità, i suoi ritmi naturali e le sue tendenze, può evitare conflitti interiori. Forse qualche persona può avanzare dubbi sulla sua vocazione al celibato perché interpreta come peccaminoso qualunque piacere venereo, anche non volontario, quando invece dovrebbe rendersi conto che fa parte della nostra natura e pertanto è voluto da Dio. Nella nostra struttura mentale è presente lo stimolo sessuale come parte fondamentale della continuità della specie, e per questo appare naturale che vi siano momenti in cui esso è particolarmente attivo. Basterà esaminare se si tratta di situazioni che stiamo cercando o semplicemente sentendo, cioè, se ne siamo o no responsabili.

Lo stesso si può dire dei ricordi della vita passata, reali o immaginati, che si possono presentare come dimostrazioni di mancanza di donazione o di fratture nell'impegno di vita di un celibe, e che invece non sono altro che tentazioni del maligno per toglierci la pace. Sono d'accordo con diversi autori spirituali che sottolineano l'importanza di evitare di farsi ossessionare da questioni come queste, facendo una netta distinzione tra ciò che è volontario e quello che non lo è:

A volte succede, specialmente in persone che conducono una vita cristiana autentica, che la memoria e l'immaginazione presentino alla mente alcune situazioni della vita passata nelle quali si è saputo resistere alla tentazione. Si può percepire un sottile rimorso per non aver ceduto o può ripresentarsi alla mente il peccato che in realtà non era stato commesso. Niente di tutto questo deve turbare l'anima (Derville, 2015).

Ovviamente, una persona celibe, come chiunque altra, può anche cedere alla tentazione e cadere nel peccato. Sia esso più o meno grave, non dobbiamo mai dimenticare che Dio, come piace ripetere a Papa Francesco, "non si stanca mai di perdonare". Ci dà la sua grazia in abbondanza, soprattutto attraverso il sacramento della confessione, paterno rimedio alle nostre debolezze. Noi celibi non siamo fatti di "una pasta" diversa dagli altri mortali, e quindi siamo esposti alle loro stesse lotte e difficoltà. È il caso di ricordare che

> *...santo non è chi non cade, ma chi si rialza sempre, con umiltà, con santa ostinazione. [...] non dobbiamo né meravigliarci né scoraggiarci di fronte alle nostre miserie personali, ai nostri inciampi, perché potremo sempre proseguire se cerchiamo la forza in Colui che ci ha promesso: Venite a me voi tutti che siete affaticati e oppressi, e io vi ristorerò* (San Josemaría Escrivá, 1977, n. 131).)

Come ho già detto, un aspetto importante della castità alla quale è chiamato un celibe consiste nell'evitare quegli stimoli che in qualche modo possano turbare il suo cuore. Senza per questo voler essere pessimista, qualunque persona che va in giro per le strade potrà constatare che gli incentivi sessuali espliciti sono presenti in molti locali pubblici, dai distributori di benzina fino alle edicole, i giornali, la televisione e, naturalmente, internet. Non credo che ci si debba ossessionare per questa valanga di porcherie, però è indispensabile essere consapevoli che esiste e quindi occorre essere sufficientemente prudenti per evitare di essere coinvolti.

Quando ero adolescente mi raccontavano che c'era gente che faceva veri e propri salti mortali – e anche viaggi all'estero – per vedere un film pornografico. Ora, a quanto pare, siamo costretti a fare gli stessi salti mortali noi che non vogliamo vederli, perché ci opponiamo all'assillo di una mastodontica macchina di produzione e commercializzazione di stimoli sessuali, che assai spesso trasforma in schiavi le persone che li promuovono o li consumano. Si tratta di un affare di una dimensione enorme che, passando sopra alla dignità delle persone, arricchisce i loro spietati promotori.

Lo scorsi anno ho letto sui mezzi di comunicazione che l'Unione Europea aveva deciso di includere nella sua contabilità del prodotto interno lordo di ogni paese membro il denaro mosso dagli affari legati alla droga e alla prostituzione. Nel caso della Spagna si calcola che questo ammontare si dovrebbe aggirare intorno ai 30 miliardi di euro, più o meno un 4% del PIL nazionale. Se lo paragoniamo al 5% che dedichiamo all'educazione, all'1,3% alla ricerca o allo 0,3% allo sviluppo, la cifro appare realmente impressionante. È la dimostrazione della forza materiale di coloro che vogliono farci diventare schiavi delle passioni, passando sopra alla dignità delle persone con le quali commerciano, bambini e adolescenti compresi.

Tutti noi possiamo constatare gli effetti di questo «capitalismo del sesso» sulla civiltà contemporanea: famiglie che si sfasciano, violenze domestiche, mercificazione delle donne, aggressioni sessuali, e un lungo eccetera. Non è solo una questione di peccato contro la castità, ma anche di perdita della sensibilità di apprezzare la bellezza e la bontà della persona umana. Chi giudica una donna o un uomo in base ai suoi attributi sessuali sta emettendo un giudizio molto parziale. Chi esibisce tali attributi come se fossero il meglio di sé non fa altro che degradare la propria persona, a parte il danno che può causare ad altri.

A questo punto, possiamo tentare di rispondere a una delle domande più sopra anticipate: esistono ambiti della sessualità che non intaccano l'impegno di vita di un celibe? La mia risposta personale sarebbe affermativa. In un certo senso, l'argomento appare ovvio se intendiamo la sessualità come l'orientamento fisiologico di qualunque persona. Non esistono esseri umani asessuati. Siamo uomini e donne. Buona parte della nostra fisiologia dipende da un cromosoma che ci definisce fisicamente dell'uno o dell'altro sesso. Alcuni anni fa un amico biologo mi ha fatto notare che c'è più differenza tra un uomo e una donna che tra uno svedese e un pigmeo, perché quel cromosoma che definisce il nostro sesso riguarda molte cose, e non solo le funzioni sessuali proprie di ognuno, ma anche la configurazione della personalità.

La persona celibe è uomo o è donna, e vive il suo celibato con la sua sessualità maschile o femminile, anche se non la esercita a livello genitale. Circoscrivere la sessualità a ciò che conosciamo come «relazioni scssuali» vuol dire restringere eccessivamente un fenomeno che riguarda molti ordini della vita. Un uomo celibe vede il mondo in una maniera determinata, ha un rapporto con Dio e con gli altri che in buona misura è in relazione con la sua condizione maschile, e lo stesso si potrebbe dire di una donna nubile: si fissa su cose diverse, ha impulsi diversi ed emozioni diverse, e in queste condizioni può vivere pienamente il suo carisma al nubilato.

Appare ovvio affermare che una parte importante della sessualità è l'attrazione sessuale. Noi uomini siamo attratti dalle donne e viceversa. Questo è naturale e così succede alla stragrande maggioranza delle persone. Non tratterò dell'omosessualità ora, perché non conosco bene tale questione e perché mi allontanerebbe dall'argomento di questo libro. Che a noi uomini celibi piacciano le donne è naturale e fa parte della nostra vita. Nel caso concreto di un celibe laico questa attrazione può essere inserita nello stesso impegno di dedizione agli altri di cui parlavamo prima: amare tutte le persone, senza amare nessuna di esse in esclusiva. Può un celibe avere amici dell'altro sesso? A me sembra di sì; non solo, ma mi sembra desiderabile che sia così, perché questo ci arricchisce come persone e ci rende più comprensivi con coloro che ci circondano, uomini e donne, ma sempre che tale amicizia non implichi un affetto intimo ed esclusivo che provoca l'innamoramento.

Tra un uomo e una donna può esistere un'affinità spirituale grandissima, tale da non mettere in pericolo la continenza sessuale, come fu il caso di san Francesco d'Assisi e santa Chiara, o di san Francesco di Sales e santa Giovanna de Chantal, ma è certamente molto più semplice conservarsi celibi quando questo affetto onesto non arriva all'intima amicizia. Riferendosi al celibato dei sacerdoti, ma a me sembra che si possa applicare anche a quello dei laici, Cantalamessa osserva:

Le amicizie con persone dell'altro sesso (che facilmente possono diventare un pericolo se sono coltivate in modo esclusivo e furtivo) sono un gran dono se in qualche modo sono condivise con la propria comunità (Cantalamessa, 2005, 84).

In uno dei video pubblicati in occasione della morte di san Giovanni Paolo II si mostravano alcuni momenti più importanti di questo grande pontificato. Ricordo bene che in una delle scene del suo ultimo viaggio in Polonia si poteva vedere l'incontro del Papa con un gruppo di amici e amiche di gioventù, probabilmente colleghi di università o del suo gruppo teatrale. In queste immagini si poteva notare perfettamente l'affetto limpido, nobile, esistente tra loro e il Papa, nel semplice modo di salutarsi, nella gioia dei loro volti, a dimostrazione di un affetto sicuramente maturato in molti anni di esperienze comuni.

Come dicevo prima, nella mia esperienza personale coltivare una cordiale relazione con donne che si sono frequentate per questioni professionali, sociali o familiari, non solo non ha danneggiato la mia vocazione al celibato apostolico, ma sono convinto che lo abbia reso più maturo. Ho cercato di evitare quelle che ritenevo non appropriate a un'anima che si era donata a Dio e, grazie a Lui, non sono incappato in situazioni sgradevoli che hanno messo in pericolo il mio impegno vocazionale.

Devo confessare che all'inizio della mia attività professionale ero un po' preoccupato per i rapporti con le dottorande o con le colleghe dei programmi di ricerca, per cui facevo in modo di limitarli esclusivamente agli argomenti accademici. Con il tempo, e osservando una elementare prudenza, ho visto che è meglio confidare di più nel Signore e trattare con affetto tutte le persone con le quali lavoro, uomini o donne, facendo in modo di voler più bene a Dio e considerando gli altri figlie e figli suoi.

D'altra parte, sul piano professionale e personale apprendo molto dalle colleghe di lavoro, da come vedono i problemi quotidiani, da come trattano gli amici comuni, dai loro sentimenti verso gli ideali professionali o sociali che condividiamo. Mi sembra che questa relazione non faccia che arricchire la mia personalità e allo stesso tempo mi permette di muovermi con naturalezza in un mondo in cui le donne sono presenti, con pieno diritto, e danno un inestimabile contributo alla soluzione dei problemi che affrontiamo, mediante quel «genio femminile» - espressione utilizzata spesso da san Giovanni Paolo II – con il quale arricchiscono le nostre vite.

In conclusione, sono convinto che sia possibile vivere il celibato in mezzo alle situazioni più varie del mondo quotidiano, negli ambienti professionali più diversi, nelle situazioni sociali e familiari più differenti. Si può vivere come uomini e donne, con le nostre caratteristiche, rinunciando a un istinto molto radicato – e assolutamente eccellente per coloro che ricevono la vocazione al matrimonio -, così creato da Dio con un nobile fine, offrendogli tale rinuncia per abbracciare un fine più nobile. Insomma, è possibile praticare il celibato senza complessi, mettendo un impegno interiore perché sia sempre molto viva la motivazione su cui si fonda, facendo in modo di vivere una pietà intensa, un rapporto frequente con Dio e una generosità rivolta agli altri, ai quali la nostra maggiore disponibilità deve servire di aiuto e consolazione.

4.8. Una condizione stabile

Raccontano che durante la spedizione verso Città del Messico, Hernán Cortes decise di bruciare le navi a Veracruz per dimostrare ai suoi uomini che non c'era ritirata possibile. Qualcosa di simile si racconta di Alessandro Magno all'inizio della sua campagna verso l'Asia o di Giulio Cesare durante la sua conquista della Gran Bretagna. Ora l'espressione «bruciare le navi» è interpretata come sinonimo di determinazione, di fortezza, di voler perseguire gli obiettivi prestabiliti senza farsi condizionare dalle difficoltà che si incontrano. Le navi le brucia soltanto il condottiero eroico, colui che è convinto che i suoi uomini possono vincere una battaglia – dove sono chiaramente inferiori – solo convincendoli che la vittoria è l'unica alternativa. Se ci fosse un'alternativa non affronterebbero la battaglia e fuggirebbero in attesa di tempi migliori.

Fatte salve le differenze, a me sembra che questo sia un atteggiamento chiave per mantenere gli impegni di vita liberamente presi. Sia il celibato che il matrimonio richiedono una fermezza che sia ancorata al di là degli alti e bassi del quotidiano, del carattere, della salute o delle situazioni professionali. Due sposi possono esserlo sino alla fine dei loro giorni solo se sono convinti che questo è il loro stato permanente di vita, se non pensano ad altre alternative, più o meno illusorie, e proprio sulla base di questo atteggiamento s'impegneranno a risolvere i problemi che sicuramente si presenteranno nella loro vita. Per un celibe bruciare le navi vuol dire essere convinto che Dio ci chiede di essere fedeli allo stato di vita che abbiamo scelto, respingendo, di conseguenza, ogni altra situazione che potrebbe dar luogo a una «alternativa» alla nostra vocazione. Abbiamo scelto Dio perché lo consideriamo l'amore più prezioso, capace di riempirci completamente e di rendere feconda la nostra vita. L'anima di un celibe non sceglie Dio come ultima opzione, quando tutte le altre sono sfumate, ma come «suo primo amore», seguendo l'espressione dell'Apocalisse che abbiamo citato. Quando la scelta è ormai matura e possiamo considerarla definitiva, anche il nostro impegno preso con Dio diventa definitivo, e «guardare indietro» ci rende non idonei per l'apostolato, come ci indica lo stesso Gesù: «Nessuno che ha messo mano all'aratro e poi si rivolge indietro, è adatto per il Regno di Dio» (Lc 9, 62).

Anche se mantenere la parola data, l'impegno preso, non mi sembra il motivo principale per essere fedeli alla vocazione al celibato, non c'è dubbio che si tratta di un argomento profondo, che può rafforzare altri, perché da esso dipende la nostra stessa affidabilità come persone. Mi piace l'espressione «essere uomini di parola», che distingue coloro di cui possiamo fidarci, perché siamo convinti che adempiranno l'accordo preso. In un mondo che talvolta è così accomodante, dove quasi tutto si contratta, anche dopo aver raggiunto un'intesa, dove tutto richiede notai e garanzie, che una persona sia coerente con la sua parola sembra una virtù particolarmente attraente.

Mantenere l'impegno preso vuol dire considerare il celibato uno stato permanente, quello che Dio ci ha proposto e noi abbiamo accettato liberamente, nel quale abbiamo trascorso anni di indubbia felicità. Non è il caso allora di «aspettare alternative», mantenere un atteggiamento che permetta, per così dire, di «rinegoziare» il nostro impegno se si presentassero altre situazioni, se venissimo a conoscenza di altre persone. Credo che questo atteggiamento si rispecchi bene in uno dei punti di meditazione di *Cammino*:

> *Mi dai l'impressione di portare il cuore in mano, come per offrire una merce: chi lo vuole? – Se non piace a nessuna creatura, verrai a darlo a Dio. Credi che i santi abbiano fatto così?* (San Josemaría Escrivá, 1939, 246).

Quando uno è innamorato, non esiste un altro amore che lo contraddica. E se un giorno questo primo amore si offuscasse, sarebbe necessario aggrapparsi almeno all'impegno di vita su cui si basò questo amore iniziale per cercare di rivitalizzarlo. Considerare stabile il nostro stato, indurrà anche a dedicare a Dio la parte migliore dei nostri affetti, evitandone altri che ci potrebbero allontanare da questo impegno. Naturalmente questo si può fare solo quando uno è molto convinto dell'importanza dell'obiettivo finale: delle motivazioni per scegliere il celibato. Non si tratta di una inerzia, di vivere in una determinata maniera perché così abbiamo sempre fatto, ma di tenerla sempre viva perché uno ha fatto una scelta, che deve essere presente nella nostra vita di ogni giorno.

Anni fa ho letto un libro su alcuni eroi storici e alla fine l'autore si chiedeva quali fossero le caratteristiche comuni di questi personaggi, che la gente ammira sempre per la grandiosità delle mete che hanno affrontato e raggiunto, e come si potrebbero identificare agli eroi e alle eroine di oggi. L'autore del libro indicava quattro motivi principali:

Primo, un'assoluta indipendenza mentale, dovuta alla capacità di pensare ogni cosa filtrandola attraverso i propri valori, considerando con scetticismo il consenso in qualsiasi materia. Secondo, avendo deciso indipendentemente, operano in modo risolutivo e consistente. Terzo, ignorano o rifiutano tutto ciò che possano dire di se stesso, ritenendo che uno è convinto di agire correttamente. Infine, si comportano con coraggio personale in tutte le circostanze, senza considerare le conseguenze che possa avere per se stesso (Johnson, 2008, 265).

A me sembra che queste quattro proprietà dovrebbero essere presenti, in qualche modo, nella vita di un celibe, in modo particolare se vive in mezzo al mondo, in un mondo dove spesso la castità è agli antipodi dei valori comunemente accettati. Non c'è dubbio che è necessario che un celibe laico sia convinto dei propri valori, che sia disposto a essere considerato poco meno che un marziano se non si preoccupa di questa considerazione esterna, che agisca in modo coerente con la sua scelta di vita e che abbia il coraggio personale necessario per portare avanti queste decisioni, anche se questo ci costi dei sacrifici personali e alcune volte implichi l'incomprensione e magari anche la derisione. L'importante è non perdere di vista il significato di tutto questo e l'obiettivo che si vuole perseguire nella propria vita, perché solo con una donazione reale, completa, sarà una vita utile e al servizio degli altri attraverso Dio che permetterà di raggiungere un'autentica gioia personale.

EPILOGO
LA FELICITÀ DEL CELIBATO

Nelle pagine precedenti ho cercato di mostrare alcuni elementi distintivi della vocazione e della vita dei laici che si sentono chiamati da Dio a una vita da celibe. Ho ricordato l'evoluzione storica, il sostrato teologico, le motivazioni e, infine, le disposizioni che debbono presiedere la vita di un celibe.

Se tento di riassumere ciò che è stato analizzato nelle pagine precedenti, la prima sintesi che mi viene in mente è che il celibato è una vocazione divina, una chiamata di Dio a una particolare intimità con Lui, a una dedicazione completa agli altri, che si può realizzare senza abbandonare la propria professione o, in genere, il proprio lavoro. Si tratta di una vocazione che comporta rinunce di quegli aspetti affettivi e di quei piaceri che per molte persone sono indispensabili per assicurare la felicità umana. Per un celibe non solo non è così, ma anzi, al contrario, la vocazione alla continenza sessuale è motivo di intima felicità e di fecondità apostolica, perché non persegue la rinuncia, ma mira piuttosto a conseguire un Amore diverso, meno evidente, ma più grande, più profondo, perché riempie pienamente il cuore di un essere umano.

È possibile vivere un celibato permanente? Sì. È difficile? È vero anche questo. Essere fedele a tale donazione soddisfa le ansie di felicità del nostro cuore? Pienamente. Comporta momenti duri? Indubbiamente. Qualunque meta grande nella vita richiede impegno; nulla che valga realmente si ottiene per inerzia. Importante non è a che cosa rinunciamo, ma che cosa abbracciamo in cambio. Per un laico il celibato è una opzione di vita perfettamente compatibile con una dedicazione professionale e sociale esigente, richiede apertura di cuore, per permettere che il cuore venga colmato pienamente dall'amore di Dio e che si espanda a tanti amici, familiari e colleghi, a tutti. La mia esperienza di vita, con tutte le carenze dovute alle mie limitazioni personali – che Dio conosce e perdona – mi conferma il valore di un tale impegno, nella gioia profonda di chi è convinto di aver ricevuto molto più di quello che ha dato.

RIFERIMENTI

Abbot, E. (2000). *A History of Celibacy*. Cambridge: The Lutterworth Press.

Aguiló, A. (2013). *La llamada de Dios: Anécdotas, relatos y reflexiones sobre la vocación*: Palabra.

Atenagora (176-180). *Legatio pro christianis*, XXXIII: PG 6, 965 A.

Bashir, S. (2008). *Islamic tradition and celibacy*. In C. Olson (Ed.), *Celibacy and Religious Traditions*, New York: Oxford University Press, pp. 133-150.

Benedetto XVI (2006). *Deus caritas est*, Vaticano: http://w2.vatican.va/content/benedict-xvi/es/encyclicals/ documents/hf_ben-xvi_enc_20051225_deus-caritas-est.html.

Benedetto XVI (2010a). *Lettera del santo padre Benedetto XVI ai cattolici d'Irlanda*. Vaticano: http://www.vatican.va/holy_ father/benedict_xvi/letters/2010/documents/hf_ ben-xvi_ let_ 20100319_church-ireland_sp.html.

Benedetto XVI (2010b). *Luce del Mondo. Il Papa, la Chiesa e i segni dei tempi. Una conversazione con Peter Seewald*. Vaticano 2010, Libreria Editrice Vaticana.

Benedetto XVI (2011). *Veglia di Preghiera a Friburgo*. Friburgo.https://w2.vatican.va/content/benedict-xvi/es/speeches/2011/september/documents/hf_ ben-xvi_ spe_ 20110924_ vigil-freiburg.html.

Benedetto XVI (2013). *Escuela de Oración*. Digital Reasons.

Borghese, A. (2004). *Con occhi nuovi. La storia della mia conversione*. Casale Monferrato: Piemme.

Braun, W. (2008). *Celibacy in the Greco-Roman world*. In C. Olson (Ed.), *Celibacy and Religious Traditions*, New York: Oxford University Press, pp. 21-40.

Burkhart, E. e López-Díaz, J. (2017). *Vita quotidiana e santità nell'insegnamento di San Josemaría Escrivá. I: studio di teologia spirituale*. Roma: Libreria Editrice Vaticana.

Calabuig, J.M. e Barbieri, R. (1987). *Consagración de Vírgines*. In D. Sartore, A.M. Triacca e J.M. Canals (Eds.), *Nuevo diccionario de Liturgia*, Madrid: Ediciones Paulinas, pp. 453-475.

Cantalamessa, R. (2005). *Virginity. A positive approach to Celibacy for the sake of the Kingdom of Heaven*. New York: St. Paul/Alba House.

Catechismo della Chiesa Cattolica (CCC), Città del Vaticano 1992, Libreria Editrice Vaticana.

Cebrián, J.A. (1985). *Billete de ida y vuelta*. Madrid: Otero Ediciones.

Clemente di Alessandria (190-210). *Stromata III*. In M. Merino Rodríguez (Ed.), *Fuentes Patrísticas*, Madrid, 1999: Ciudad Nueva, p. 99.94 (p. 467).

Cochini, C. (2006). *Origines apostoliques du célibat sacerdotal*. Geneve: AD Solem Editions.

Concilio Vaticano II (1965). *Gaudium et spes*. Vaticano. http://www.vatican.va/archive/hist_councils/ii_vatican_council/documents/vat-ii_const_19651207_gaudium-et-spes_sp.html.

De Saint – Exupéry, A. (2003). *El principito*. Madrid (originale del 1943): Quinteto.

Del Portillo, Á. (1971). *Celibato*. In AA.VV. (Ed.), Gran Enciclopedia Rialp, Madrid: Rialp.

Denzinger, H. (1995). *Enchiridion Symbolorum. Definitionum et declarationum de rebus fidei et morum*. Bologna: Edizioni Dehoniane.

Derville, G (2015). *Amor y desamor. La pureza liberadora*. Madrid: Ediciones Rialp.

Diamond, E. (2008). *And Jacob remained alone: The Jewish struggle with celibacy*. In C. Olson (Ed.), *Celibacy and Religious Traditions*, New York: Oxford University Press, pp. 41-64.

Doherty, M. (2009). *Loving God and Serving Others*. In M.T. Oates, L. Ruf e J. Driver (Eds.), *Women in Opus Dei. In their own words*, New York: Cross Road Publishing Co, p. 147.

Dominguez Prieto, P. (2009). *Testamento Espiritual*. Madrid: San Pablo.

Dundas, P. (2008). Sthulabhadra's Lodgings: Sexual Restraint in Jainism. In C. Olson (Ed.), Celibacy and Religious Traditions, New York: Oxford University Press, p. 181-200.

Echevarría, J. (2000), *Memoria del Beato Josemaría Escrivá*. Madrid: Rialp.

Estarriol, R. (2010). *El celibato no es la causa de la paidofilia*: Aceprensa.

Frank, A. (1944). *Diario di Anna Frank*.

Frankl, V. (1979, l'originale è del 1946). *El hombre en busca de sentido*. Barcelona: Herder.

Frossard, A. e Giovanni Paolo II (1982). *Non abbiate paura*.

Gefaell, P (2013). *Celibato*. In AA.VV. (Ed.), *Diccionario General de Derecho Canónico*, Pamplona: Eunsa, pp. 995-1005.

Guerra Gómez, M. (2002a). *Sacerdotes y laicos en la iglesia primitiva y en los cultos paganos*. Pamplona: EUNSA.

Guerra Gómez, M. (2002b). *Un misterio de amor: solteros ¿por qué?* Pamplona: EUNSA.

Introvigne, M. (2010). *Un caso de "pánico moral"*: Aceprensa.

Jenkins, P. (1996). *Pedophiles and priests: Anatomy of a contemporary crisis*. Oxford: Oxford University Press.

Johnson, P. (2008). *Heroes. From Alexander the Great to Mae West*. London: Orion Books.

Giovanni Paolo II (1981a). Esortazione apostolica *Familiaris consortio*. Vaticano: http://w2.vatican.va/content/john-paul-ii/es/apost_ exhortations/documents/hf_ jp-ii_ exh_ 19811122_familiaris-consortio.html.

Giovanni Paolo II (1981b). *Messa dell'Ordinazione Sacerdotale a Nagasaki*. Vaticano: http://www.vatican.va/holy_ father/john_ paul_ ii/homilies/1981/documents/hf_ jp-ii_ hom_ 19810225_ordinazioni-nagasaki_sp.html.

Giovanni Paolo II (1982a). *Il celibato apostolico nella prima lettera ai corinzi*. Vaticano: Catechesi 30.06.82.

Giovanni Paolo II (1982b). *El celibato apostólico. Catequesis sobre la resurrección de la carne y la virginidad cristiana*. Madrid, Palabra.

Giovanni Paolo II (1988). *Christifideles laici*. Vaticano.

Giovanni Paolo II (1992), Es. Ap. *Pastores Dabo Vobis*. Vaticano: http://www.vatican.va/holy_ father/john_ paul_ ii/apost_ exhortations/documents/hf_ jp - ii_ exh_ 25031992_ pastores-dabo-vobis_sp.html.

Giovanni Paolo II (1996), *Dono e Mistero*, Vaticano

Giovanni Paolo II (2003), *Discorso del Papa nella veglia con i giovani ai Quattro Venti (Madrid)*, Madrid, 3 maggio 2003. http://w2.vatican.va/content/john-paul-ii/es/speeches/2003/may/documents/hf_jp-ii_spe_20030503_youth-madrid.html.

Leonardi, M. (2011), *Come Gesù. L'amicizia e il dono del celibato apostolico*. Milano, Ares.

López-Díaz, J. (2012), *Sacerdozio comune, sacerdozio ministeriale e celibato*, in L. Touze e M. Arroyo (Eds.), Il celibato sacerdotale. Teologia e vita, Roma, Edusc, pp. 213-225.

López-Díaz, J. (2014), *El celibato apostólico de los laicos en un escrito de Álvaro del Portillo*, in P. Gefaell (Ed.), *Vir fidelis multum laudabitur. Nel centenario della nascita di Mons. Álvaro del Portillo*, Roma, Pontificia Università della Santa Croce, pp. 403-413.

Lorda, J.L. (2003), *El celibato sacerdotal: espiritualidade, disciplina y formación de las vocaciones al sacerdocio*, Pamplona, Servicio de Publicaciones de la Universidad de Navarra.

McGovern, T. (1998), *Priestly celibacy today*, Dublin, Four Courts Press.

Möhler, J.A. (2012, originale del 1828), *El Celibato sacerdotal*, Madrid, Encuentro.

Moschetti, P. (2007), *Ordo Virginum, El. Germen de vida cristiana*, Salamanca, Secretariado Trinitario. Olson, C. (2008), *Celibacy and Religious Traditions*, New York: Oxford University Press.

Paolo VI (1967), *Sacerdotalis caelibatus*. Vaticano: http://www.vatican.va/holy_ father/paul_ vi/encyclicals/documents/hf_p-vi_enc_24061967_sacerdotalis_sp.html, pp. n. 35-38.

Papa Francesco (2013), *Evangelii Gaudium*, http://www.vatican.va/holy_ father/francesco/apost_ exhortationis/documents/papa-francesco_ esortazione-ap_ 20131124_ evangelii-gaudium_ sp.html.

Papa Francesco (2016), Es. ap. post-sinodale *Amoris laetitia*, Vaticano: http://w2.vatican.va/content/francesco/es/apost_ exhortations/documents/papa-francesco_ esortazione-ap_20160319_amoris-laetitia.html.

Pio XII (1950), Cost. ap. *Sponsa Christi* En (p. n.2), Vaticano: http://www.vatican.va/holy_ father/pius_ xii//apost_ constitutions/documents/hf_ p-xii_ apc_ 19501121_ sponsa-christi_ sp.html.

Rodríguez, P., Ocáriz, F. e Illanes, J.L. (1993), *L'Opus Dei nella Chiesa*, Casale Monferrato (AL), Edizioni Piemme.

San Giovanni Crisostomo (390), *Omelie sul vangelo di San Matteo*, Roma 2003, ed. Città Nuova.

San Giovanni della Croce (1578), *Cantico Spirituale*, Bologna 2011, ed. Dehoniane.

San Girolamo (392), *Apologeticum ad Pammachium*, 392, CSEL 54, 386-387.

San Girolamo (406), *Contra Vigilancio*, 2 (Pl 23, 356).

San Giustino (165), *Apologia I*, 15, 6-7.

San Gregorio di Nissa (370), *De Virginitate*, 2, 1, 1-11.

San Josemaría Escrivá (1939), *Cammino*, Milano, Ares.

San Josemaría Escrivá (1968), *Colloqui con Mons. Escrivá*, Milano, Ares.

San Josemaría Escrivá (1973), *È Gesù che passa*, Milano, Ares.

San Josemaría Escrivá (1977), *Amici di Dio*, Milano, Ares.

San Josemaría Escrivá (1981), *Via Crucis*, Milano, Ares.

San Josemaría Escrivá (1986), Solco, Milano, Ares.

San Policarpo (135), *Ad Philippenses* 5, 3; 65, Archivio Università di Padova 2016.

Sant'Agostino (397-400), *Confessioni*, Milano 1987, Ed. Paoline.

Sant'Ambrogio (377), *Sobre las Vírgenes*, in D. Ramos-Lison (Ed.), *Fuentes Patrísticas*, Madrid 1999, Ciudad Nueva, I.23 (p. 79).

Santa Teresa di Gesù (1570), *Pazienza nelle avversità*, in *Opere*, Roma 1981, Postulazione Generale O.C.D.

Santa Teresa di Calcutta (1989), *Explicación de las Constituciones Originales de las Misioneras de la Caridad*, in B. Kolodiejchuk (Ed.), *Ven, Se mi Luz*, Planeta, 2009, p. 48.

Vess, D. (2006), *Eunuchs for the Kingdom: The Origin and Discipline of Clerical Celibacy*, in C.K. Robertson (Ed.), *Religion and Sexuality. Passionate Debates*, Mrw York, Peter Lang, pp. 137-167.

Weigel, G. (2002), *El coraje de ser católico*, Barcelona, Planeta

ALLEGATO:
CELIBATO E PEREDASTIA

Come dicevo nel testo, su tale questione includo un allegato, perché molti critici del celibato sembra che trovino in essa una serie di argomenti per screditare questa modalità di donazione a Dio. Ho cercato di dimostrare che il celibato spirituale non è esclusivo della Chiesa cattolica, ma è presente in tutte le grandi tradizioni religiose dell'umanità, sempre legato alla ricerca di una maggiore profondità spirituale. Che alcune persone celibi abbiano adottato una condotta depravata dimostra soltanto la miseria della condizione umana: non dice nulla sulla continenza sessuale, che ne è proprio l'antitesi. In questo allegato approfondisco alcune idee accennate nel testo principale, con i dati che sono stati pubblicati in relazione con i casi di abusi sessuali in diversi paesi occidentali.

Come dicono nelle lezioni di giornalismo, se un cane morde un bambino non fa notizia, ma se un bambino morde un cane apparirà nei titoli. Anche se evidentemente alcune persone o gruppi di opinione si servono di questa sciagurata questione per attaccare la Chiesa in modo spietato, che gli abusi sessuali di alcuni chierici cattolici sia motivo di pubblico scandalo mi sembra sufficientemente giustificato, perché è difficile trovare un esempio più lampante di contraddizione tra gli ideali che stanno dietro alla vocazione sacerdotale o religiosa e questo tipo di comportamenti depravati. Non esistono palliativi possibili a questa condotta. Qui la debolezza umana si rende evidente e fa ricordare l'enigma che avvolge l'esistenza del peccato e del male nel mondo, il «mistero di iniquità» del quale parla san Paolo (2 Ts 2, 7). È realmente uno scandalo che uno che ha dedicato l'intera vita al servizio di Dio e degli altri per Lui, che ha consacrato il cuore all'amore più puro, poi possa abusare delle persone più fragili che gli sono state affidate. Proprio su questo s'interrogava il Papa Benedetto XVI in uno dei suoi ultimi libri:

> *È un mistero che uno che si è consacrato a ciò che è sacro perda tutto a tal punto, e poi possa perdere persino le proprie origini. Almeno all'ordinazione sacerdotale deve aver avuto un anelito per ciò che è grande, per ciò che è puro; altrimenti, non avrebbe fatto quella scelta. Come può uno cadere poi in maniera simile?* (Benedetto XVI, 2010b, 49).

Nella sua lettera ai vescovi irlandesi, colui che ora è Papa emerito aveva parole molto dure a proposito di un rapporto in cui erano elencati numerosi casi di abusi sessuali in istituzioni cattoliche di quell'isola. Diceva il santo Padre che questi comportamenti

...hanno avuto conseguenze assai tragiche per la vita delle vittime e delle loro famiglie e hanno oscurato la luce del Vangelo a un punto tale cui non erano giunti neppure secoli di persecuzione (Benedetto XVI, 2010°, n. 4).

Sono frasi piuttosto sconvolgenti, rivolte alla gerarchia della Chiesa in uno dei paesi che storicamente ha sofferto di più per difendere la propria fede, che ha dato tanti martiri e una testimonianza così solida di convincimento cristiano e che in quel momento andava incontro a un periodo di intensa purificazione. Nella stessa lettera, si rivolgeva in questi termini ai sacerdoti e ai religiosi che avevano abusato di bambini:

Avete tradito la fiducia riposta in voi da giovani innocenti e dai loro genitori. Dovete rispondere di ciò davanti a Dio onnipotente, come pure davanti a tribunali debitamente costituiti. Avete perso la stima della gente dell'Irlanda e rovesciato vergogna e disonore sui vostri confratelli. Quelli di voi che siete sacerdoti avete violato la santità del sacramento dell'Ordine Sacro, in cui Cristo si rende presente in noi e nelle nostre azioni. Insieme al danno immenso causato alle vittime, un grande danno è stato perpetrato alla Chiesa e alla pubblica percezione del sacerdozio e della vita religiosa.

Vi esorto ad esaminare la vostra coscienza, ad assumervi la responsabilità dei peccati che avete commesso e ad esprimere con umiltà il vostro rincrescimento. Il pentimento sincero apre la porta al perdono di Dio e alla grazia del vero emendamento.

Offrendo preghiere e penitenze per coloro che avete offeso, dovete cercare di fare personalmente ammenda per le vostre azioni. Il sacrificio redentore di Cristo ha il potere di perdonare persino il più grave dei peccati e di trarre il bene anche dal più terribile dei mali. Allo stesso tempo, la giustizia di Dio esige che rendiamo conto delle nostre azioni senza nascondere nulla. Riconoscete apertamente la vostra colpa, sottomettetevi alle esigenze della giustizia, ma non disperate della misericordia di Dio (Benedetto XVI, 2010a, n. 7).

Credo che siano parole sufficientemente chiare per esprimere quello che noi cattolici proviamo davanti a queste vicende. Ciò nonostante, e senza togliere una virgola alla gravità della questione, concludere che la pederastia di alcuni sacerdoti conferma l'inopportunità del celibato cristiano sarebbe una grande ingiustizia. Con la stessa decisione con cui respingiamo questi comportamenti, dobbiamo anche sottolineare che non c'è alcuna relazione causa-effetto tra pederastia e celibato. Non si tratta neppure di un problema di pederastia sacerdotale, ma soltanto di un problema di alcuni sacerdoti (ben pochi, anche se questo non ci consola) che hanno tradito il loro sacro ministero. Benché sia perfettamente ovvio, è bene mettere in evidenza che né la stragrande maggioranza dei sacerdoti è pederasta (anzi, al contrario, sono persone che vivono con gioia il loro impegno vocazionale), né la stragrande maggioranza dei pederasti sono sacerdoti, ma sono persone non perfettamente equilibrate per motivi diversi, che poco o nulla hanno da vedere con il celibato.

In un dettagliato studio su tale questione, Philip Jenkins, professore di Storia e Studi Religiosi all'Università della Pennsylvania, concludeva che circa lo 0,2% dei sacerdoti cattolici degli Stati Uniti hanno abusato di minorenni. Dopo aver studiato le informazioni più affidabili sulla questione, concludeva:

> *La mia ricerca sui casi descritti negli ultimi 20 anni non fa ritenere che il clero cattolico, o qualunque altro clero celibe, sia più propenso a invischiarsi in comportamenti inappropriati o in abusi rispetto al clero di qualunque altra denominazione o anche ai laici. Tuttavia alcuni mezzi di comunicazione considerano la questione come una crisi del celibato, affermazione che francamente non ha fondamento* (Jenkins, 1996).

Secondo gli studi di Jeinkins, se si paragona la Chiesa cattolica degli Stati Uniti con le principali Chiese protestanti, si scopre che la presenza di pedofili – secondo le diverse chiese – è da due a dieci volte più alta tra i pastori protestanti che tra i sacerdoti cattolici. Questo dimostra che la questione non è il celibato, visto che la maggior parte dei pastori protestanti è sposata. Sempre negli Stati Uniti, nello stesso periodo in cui un centinaio di sacerdoti cattolici venivano condannati per abusi sessuali ai minori, il numero di professori di ginnastica e di allenatori sportivi condannati in tribunale per lo stesso delitto sfiorava i seimila. Sulla base delle informazioni periodiche del governo americano, due terzi dei casi di abusi sessuali sui minori non provengono dagli estranei o dagli educatori, ma dal proprio ambito familiare, e purtroppo anche dagli stessi padri o patrigni (Introvigne, 2010).

In un altro studio più recente, del 2011, si stima in 4.392 il numero di sacerdoti cattolici accusati (attenzione, non condannati) di abusi sessuali a minorenni negli Stati Uniti dal 1950 al 2002. Questo numero rappresenta il 4% dei 109.694 sacerdoti cattolici che hanno servito nel paese durante quel periodo di tempo. Di questi accusati, 958 (lo 0,87%) potrebbero essere accusati a rigore di pedofilia, ma di questi, solo 54, lo 0,049%, sono stati condannati.

Nel rapporto Ryan sulla situazione irlandese, molti degli abusi che si denunciavano nelle istituzioni cattoliche non erano di natura sessuale, ma più che altro riguardavano l'applicazione di metodi di correzione eccessivi o addirittura violenti. Dei 25.000 alunni che hanno studiato nelle scuole, riformatori od orfanotrofi di istituzioni cattoliche, si elencano accuse di abusi sessuali su 253 ragazzi e 128 ragazze, non tutti attribuiti a sacerdoti o religiosi, e con aspetti molto diversi di natura e gravità.

In Germania, in un rapporto che analizza questo problema sin dal 1995, si afferma che lo 0,045% dei sospettati di abusi sessuali denunciati sono sacerdoti o religiosi. In concreto, nel caso di abusi sessuali di minorenni, lo studio dimostra che la proporzione dei colpevoli celibi ecclesiastici in paragone a persone non celibi è di uno contro 40 sospettati e di uno su 22 dei casi passati in giudicato.

Secondo il famoso psichiatra tedesco Hans-Ludwig Kröber della Libera Università di Berlino, che nel 2003 ha fatto parte di una commissione sul fenomeno della pederastia, non è il celibato la causa della pedofilia, ma piuttosto l'incontinenza di alcuni sacerdoti omosessuali.

> *...che non sono capaci di praticare, o che non vogliono praticare l'astinenza sessuale e che allo stesso tempo cercano di dissimularlo, sicché certe volte coltivano relazioni con omosessuali di ambiti socialmente emarginati.*

Secondo lui,

> *...i colpevoli di abusi sessuali con minorenni sono straordinariamente rari tra le persone celibi e in nessun caso si può dire che il celibato è la causa della pedofilia [...]. Se si dovesse formulare qualche ipotesi, si dovrebbe tenere presente che il rischio è maggiore in un club sportivo e che il nuovo compagno di una madre nubile o divorziata può essere un grande pericolo per un minorenne, sia in riferimento alla violenza che all'abuso sessuale [...]. Non sarebbe necessario dimostrare statisticamente che il celibato non causa la pedofilia (sebbene, chiaramente, alcuni pedofili optano per il celibato), così come non è necessario farlo neppure nel caso di un allenatore di calcio o di un parrucchiere* (tutte queste citazioni sono prese da Estarriol, 2010).

Tradotto dallo spagnolo per Vittorio Varvaro e Giampaolo Del Monte

Printed by Books on Demand GmbH, Norderstedt / Germany